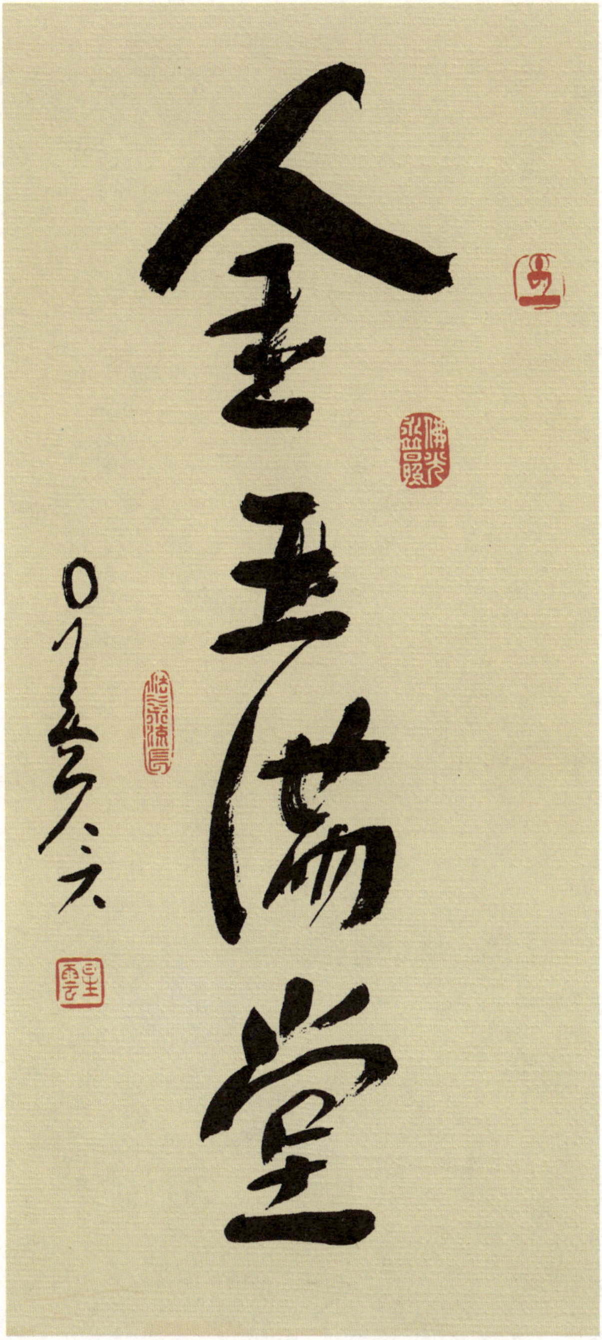

星云大师 总策划

佛光山金玉满堂系列

星云法语

星云大师·著

中国出版集团 现代出版社

图书在版编目（CIP）数据

星云法语 / 星云大师著 . -- 北京 : 现代出版社，2017.10

（佛光山金玉满堂系列）

ISBN 978-7-5143-6277-0

Ⅰ. ①星… Ⅱ. ①星… Ⅲ. ①佛教—人生哲学—通俗读物 Ⅳ. ① B948-49

中国版本图书馆 CIP 数据核字（2017）第 147032 号

星云法语

总 策 划：星云大师
作　　者：星云大师
责任编辑：张　霆　姚冬霞
出版发行：现代出版社
通信地址：北京市安定门外安华里 504 号
邮政编码：100011
电　　话：010-64267325　64245264（传真）
网　　址：www.1980xd.com
电子邮箱：xiandai@vip.sina.com
印　　刷：三河市宏盛印务有限公司

开　　本：710mm × 1000mm　1/16
字　　数：220 千字
印　　张：19.5
版　　次：2018 年 1 月第 1 版　2018 年 1 月第 1 次印刷
书　　号：ISBN 978-7-5143-6277-0
定　　价：52.00 元

编者序

现代人的十把钥匙

20世纪60年代，星云大师曾受邀于台视、中视、华视三家电视台录制“星云法语”节目，这个节目也曾获得台湾地区行政管理机构下属新闻管理单位颁予“金钟奖”以兹肯定。后来，再由大师增补整理，2003年在《人间福报》以专栏的形式发表。专栏结束后，香海文化即为这一千多篇的法语收录编辑成十册套书。

这些文章，都是大师应大众的需要在各大报刊上刊登，也是大师经年累月在各地弘法、讲说，或为徒众编印而成的布教讲义；为了便于记忆和讲说，大师以每篇四点、六点，甚至八点，阐述各种意见。这些文章，亦被翻译成各国语言，流通于世界各地与大众结缘，有些文章甚至被学校选入作为教学的教材。

编辑小组从已出版的十册套书中遴选出数十篇，汇编成“金玉满堂”之教材，每一句话都是星云大师多年来修行的智慧，一篇又一篇深入浅出的诠释，都是意味深长、让人心领神会的好文章。

台中市市长胡自强先生在推荐序中写道：“我很喜欢这套书以‘现代佛法修行风’为诉求，结合佛法与现代人的生活，深入浅出地阐释。尤其富有创意的是，以十册‘法语’打造十把‘佛法钥匙’，打开读者心灵大门，带领我从不一样的角度，去发现与体会生活中的点点滴滴。”

国际佛光会世界总会理事赵辜怀箴女士亦言：“在阅读大师的《星云法语》时，犹如呼吸着森林里散发出来的清香，在每一个心田里默默深耕着，等待着成长和收割的喜悦。”

希望读者能在这些简练、充满生命力的短文中，见到禅机妙趣。最后，祈愿所有读者在繁忙的生活中，皆能从这十把钥匙中，获得更多的启发与指引。

目　录

第一章

自在的生活 / 003

善知识的条件 / 006

无常的价值 / 008

乐之源 / 011

究竟的财富 / 014

如何靠自己 / 017

树立自我的形象 / 020

如何发挥自我的潜能 / 023

力量用在何处 / 026

放大心胸 / 029

第二章

去除心病 / 035

我能为世间留下什么 / 038

看　心 / 041
如何孝顺父母 / 044
怎样生活 / 047
怎样修行 / 050
如何修持身口意 / 053
道在哪里？ / 056

第三章

如何学道修行 / 061
学佛的利益 / 064
如何改变自己的命运 / 067
成功的观念 / 070
如何健康 / 073
处理是非的方法 / 076
如何使自己进步 / 078
如何增加修养 / 081
如何广结善缘 / 084

第四章

如何不侵犯 / 091
快乐之道 / 094
真正的富人 / 097

读书的利益 / 100
识人之道 / 103
人之本性 / 106
如何做一个正当的人 / 109
为学与做人 / 112
做人处世的态度 / 115

第五章

拥有全面的人生 / 121
自由自在的人生 / 124
如何圆满人生 / 127
怎样充实人生 / 130
富有的人生 / 133
在大众中相处 / 136
养　心 / 139
耐　力 / 142

第六章

积极的人生 / 147
处事禅心 / 150
高尚的人品 / 153
生命的动力 / 156

处世四戒 / 159
做人四原则 / 162
处世哲学 / 165
快乐的人生 / 168
领众之道 / 171

第七章

修行之道 / 177
领导之道 / 180
人的层次 / 183
生活四心 / 186
犯　错 / 189
培植之道 / 192
修　身 / 195
人际相处 / 198
人生的真相 / 201

第八章

人我之间 / 207
心平气和之方 / 210
一日到一生 / 213
忏悔的力量 / 216

四不非礼 / 219

第一法 / 222

人要自知 / 225

一字福 / 228

安居之道 / 231

四好之道 / 234

第九章

智者所求 / 239

四种涵养 / 242

四　得 / 245

四种病 / 248

使人信受 / 251

现代人 / 254

处难处之人 / 257

如何规劝 / 260

有用的条件 / 263

六根修行 / 266

第十章

无为之德 / 271

工作之要 / 274

人生四谛 / 277
做人的条件 / 280
人生四时 / 283
做人的风仪 / 286
道　心 / 289
修道者的心 / 292
做人四要 / 295
修行在人间 / 298

第一章

自在的生活

对感情要不执不舍，对五欲要不拒不贪；

对世间要不厌不求，对生死要不惧不迷。

【提要】

《佛光大辞典》将“自在”解释为“无碍、纵任”，说明一个真正自在的人，面对顺逆之境时，都能了然于心，没有任何牵绊与挂碍的意思。面对感情时，不会太过于执着，有也好，没有也很好，虽然佛经说情不重，不生娑婆，但如果能将感情升华成对大众的慈悲，那么就不会被情感束缚。《礼记》有云：“傲不可长，欲不可纵。”在面对欲望时，要懂得节制，不可沉溺、纵欲；对于世间的顺逆、苦乐，要有随缘不变的性格；面对生死，要能够不恐惧、不迷惑，明白缘起缘灭的道理，就能拥有一种自在无碍的人间生活了。

【正文】

在这个世界上，每个人每天同样拥有二十四小时，有的人活得很惬意，有的人过得很苦恼。为什么同样的日子，会产生快乐与烦恼的不同感受呢？主要在于各人面对生活的态度不同，所以，如何面对生活，就成为一个重要的课题。我有四项建议：

一、对感情要不执不舍。经常有人问："人怎么会来到世间上呢？"人是从情爱而来的！佛教将人叫作"有情众生"，人是有感情的动物，所以每个人皆离不开感情生活。纵然如此，我们对感情也应该要做到不执不舍，也就是中庸之道，既不过于执着，为情所困，也不要舍弃感情，最好把感情升华为对众生的慈悲，这才是最美好的人性。

二、对五欲要不拒不贪。五欲的财、色、名、食、睡，乃是人类基本的欲望。对于这五种欲望，我们既无法完全舍弃，却也不能过分地沉溺、纵欲，最好抱持既不排拒，也不贪求的态度，就像维摩居士"虽处居家，不着三界，示有妻子，常修梵行"，这才是我们对五欲应有的态度。

三、对世间要不厌不求。在这个世间，难免有顺境有逆境，不管是苦是乐，我们应该要随遇而安、随缘生活，千万不要有消极厌世的逃避心理，也不要有希求"长生不老"的妄想。

四、对生死要不惧不迷。有人说"人生如战场"，在人生的旅途中，的确有许多的关卡要过，所谓名关、利关、生死关，关关难过。有的人在面对生死时，心生畏惧、迷惑，那是因为不能体悟生命的真谛，从世间缘起去观照，懂得生死一如的道理，便不再对生死感到畏惧、迷惑，一切就能自由自在了。

如何求得自在的生活？就是：

一、对感情要不执不舍。

二、对五欲要不拒不贪。

三、对世间要不厌不求。

四、对生死要不惧不迷。

【思考】

1. 对亲情、友情、人情，要如何做到不执不舍？
2. 面对财、色、名、食、睡，你如何不拒不贪？
3. 对我们生活的世间，要怎样做才能不厌不求？
4. 对病苦生死，如何才能不惧不迷？

【延伸阅读】心中有佛

- 法本无法，无法亦法；
  心中有佛，心亦是佛。

善知识的条件

要有悲悯的心怀，要有正直的性格；

要有明辨的慧巧，要有公正的态度。

【提要】

古德说：“人身难得，佛法难闻，中国难生，明师难遇。”所谓“明师难遇”，主要是告诉我们，善知识不容易觅得。真正的善知识，能够示人以道以德、以学以艺；善知识必须有一颗悲悯的心怀，能够引导我们向上、向善的道路；而且，要有正直的性格，对于不好的能够指正教导，对于好的能够赞美与欣赏；还要有能够明辨是非、分别善恶的巧智慧心；除此之外，对所有的人、事、物，要能够做到公正、公平、公开；具备以上诸种条件之后，才堪称为“善知识”。

【正文】

一个人找老师，一定要找好老师；交朋友，一定要交有德的朋友。如果我们所交往的对象，能够影响我们做善事、发善心，这就是值得我们交往的善知识。善知识的条件有四：

一、要有悲悯的心怀。所交的朋友、老师不但要有慈悲心、怜悯心，而且要有入世的心怀，有普利的胸襟，对我都说让我向上、向善的话，勉励我为圣为贤。

二、要有正直的性格。所交的朋友，所找的老师，如果谄佞、不正直，就是不好的朋友。好的师友，必须要有真心、直心，《维摩经》里讲“直心是道场”，诚实、正直才是善知识。

三、要有明辨的慧巧。我的朋友、老师要能明辨是非，分别善恶，有权衡轻重的慧巧。如果我的朋友、老师或与之有交往者，都无法做到上述的条件，那我与他相处必定也受影响。

四、要有公正的态度。朋友、老师的做人处世，要能公正、公平，所有一切都能公开，我和这样的朋友来往，必定受其利，即使没有朋友的相助，自己本身也要努力做到这种善知识的条件。

因此，善知识的条件，就是：

一、要有悲悯的心怀。

二、要有正直的性格。

三、要有明辨的慧巧。

四、要有公正的态度。

【思考】

1. 善知识应该具备哪些条件？
2. 试问自己具备了哪些善知识的条件？
3. 人生的旅途中，你曾遇过哪些善知识？
4. 何谓“直心是道场”？
5. 请分享读后感言。

【延伸阅读】自利利他

- 心诚光现，照己照人。

无常的价值

带来希望的人生，具有自由的精神；

否定神权的控制，破除定命的论调。

【提要】

爱迪生曾经说：“天才是百分之九十九的努力和百分之一的灵感。”因此，没有谁一生下来，就是发明家或是科学家，必须经过长时间的奋斗与坚持，才能开花结果。所以，才会有人说，自己的命运掌控在自己手上。然而许多人一遇到不顺心，就求神问卜，其实“风水轮流转”，没有谁一辈子都能顺顺利利，没有风雨的，这一关绊倒了，不代表下一关就无法通行；只要懂得转念，“无常”蕴藏着无限的生机，正等待我们去开发与创造！

【正文】

在一般人的思想观念里，大都不喜欢无常，总觉得人生无常，令人恐惧；人情无常，令人悲伤；世界无常，成住坏空；一切无常，虚假如幻，所以一谈到无常，往往认为是消极的、悲观的、没有意义的。但从另一层面来看，无常实际上是蕴含着积极奋发的思想，所以，对于无常的价值，我们应该有如下几点看法：

一、带来希望的人生。无常的定义是，好的会变坏，坏的会变好，所以它带给我们无穷的希望，它让我们懂得珍惜美好的，改善不好的。譬如现在我贫穷，没有关系，贫穷是无常的，我可以努力，总有一天我会成功的！一旦我有钱了，我也知道要好好惜福，因为我知道无常，如果不好好爱惜，千万金钱也会随流水而去。在情感上，你爱我，我会珍惜；你对我不好，没关系，我来改善不好的前因，未来我们就有希望结成善缘。

二、具有自由的精神。无常的另一个定义是，凡事都不是命定的，因此，每个人都可以自由地改变自己的命运。我可以从改变处世的方法，来扭转原有的命运，这种改变，是我能、你能，大家都能的。因为，无常之前是人人平等的，无论你是国王、大臣，还是贩夫走卒，无常一样跟你在一起，所以，大家都可好可坏，可坏可好，这是很平等的。

三、否定神权的控制。人活着，最苦恼的就是对自己的未来茫然无知，因此很容易被神权控制，很容易把自己的未来交给神权去主宰。但是，如果明白无常的道理，就会肯定自己的未来，就能脱离神权思想的控制，而做自己因缘的主人。

四、破除定命的论调。如前所说，凡事都不是命定，命运是操纵在自己的手中，所以，只要我们心好，只要我们不侵犯别人，而又能广结善缘，无常亦能使乖舛的命运转好。

所以，无常的价值就是：

一、带来希望的人生。

二、具有自由的精神。

三、否定神权的控制。

四、破除定命的论调。

【思考】

1. “无常的价值”有哪四点?

2. 为什么无常会带来希望?

3. 略述你对“无常”的体会。

4. 试述你对命运的看法。

【延伸阅读】花开花落

- 艳红瓣下枝有刺，花开总有花落时。

乐之源

平时要自得其乐，待人要为善最乐；

生活要知足常乐，修行要涅槃自乐。

【提要】

“快乐”是人来到世间最大的目的。有的人觉得守本分就是快乐，平安就是快乐，无求就是快乐，善念就是快乐。人生，快乐哪里找呢？信仰里有快乐，修行里有快乐，服务里有快乐，静心里有快乐。原来，快乐不是在心外，我们的心中就有快乐的宝藏。现在的人，常因他人一句话、一个脸色，便觉坐立不安、困扰不已，殊不知遇到挫折或不愉快，要懂得转变心念，往好处想。知足方能安乐，服务社会大众，才能获得幸福与安乐。

【正文】

人到世间上来，既不是为了吃苦，也不是为了受罪，人来到世间最大的目的，是为了追求幸福和快乐。那么，人生的幸福快乐，如何才能获得呢？有四点看法：

一、平时要自得其乐。在平常的生活里，不要天天希望别人给你快乐，也不要希望从物质感官里满足快乐的享受，因为这都是短暂的，能开发自己内在的本源，才会享有真正的快乐。比如，看得开，凡事往好处想；我不贪欲，我能享有世界，不就能自得其乐了吗？

唐朝大梅法常禅师以荷叶为衣、松花为食，自得其乐。近代弘一大师洗净铅华，归投佛教，一生以弘扬律宗为业，一条毛巾使用十多年，破烂不堪，仍然爱惜有加，不以为苦。古德先圣之所以有这种淡泊清高、陶然自得的胸襟，最主要是因为他们能把握住内心无限的宝藏，并且充分地将它发挥出来。

二、待人要为善最乐。我们和人相处，要讲究待人的艺术；待人的艺术，就是“为善最乐”。佛教说：“诸恶莫作，众善奉行，自净其意，是诸佛教。”青年守则也说：“服务为快乐之本。”我能为你服务，给你一些慈悲，给你一些关怀，给你一些照顾，给你一点欢喜，你得到欢喜快乐，我也能分享你的欢喜快乐，所以，获得欢喜最好的方法，就是给人欢喜。

三、生活要知足常乐。世间的物质有限，人的欲望却是无穷的。在生活里，如果每天发展自己的欲望，想要满足无穷的欲望，这是不可能的。你不能满足，就会痛苦，因此古人说：“乐天知命，故不忧。”在心里能经常感到满足，在生活上有知足常乐的习惯，人生何处不安乐？

四、修行要涅槃自乐。各种宗教都讲究要修行，修行的目的何在？主要就是求得究竟涅槃的快乐。所以梦窗国师说：“知足第一富，无病第一贵，善友第一亲，涅槃第一乐。”涅槃是“不生不死，不生不灭”，人活在世间之所以有痛苦，是因为世界有成、住、坏、空，人有生、老、病、死，但是涅槃里面没有生死，没有你我，没有善恶，涅槃就是圆满，所以是人间最乐之事。

“乐”是和谐、规则、适意。如何在人生道路上，寻求自己快乐的安住点很重要。不管是乐土、乐育、乐业、乐群、乐天，只要能乐此不疲地为社会服务，自然能乐事劝功，让大家肯定。

乐有四种来源：

一、平时要自得其乐。

二、待人要为善最乐。

三、生活要知足常乐。

四、修行要涅槃自乐。

【思考】

1. 要怎么待人，才能获得快乐？

2. 要怎么生活，才能获得快乐？

3. 要怎么修行，才能获得快乐？

【延伸阅读】心净国土净

- 静心有净土，人圆见月圆。

究竟的财富

身体的健康，生活的如意；

前程的美好，眷属的平安；

合法的钱财，内心的能源。

【提要】

发财，是许多人梦寐以求的，但是，人生其实还有另一种究竟的财富，其中一种就是“希望”，对人生、前途充满希望，即是一种无形的财富；另外，眷属的平安、合法取得的钱财这些也都是财富。但是，最究竟的财富，还是“内心”的富有，《佛遗教经》说：“不知足者，虽富而贫；知足之人，虽贫而富。”一个真正聪明的人，不会向外追逐，而是往内寻求、探究，例如，智慧、满足、惭愧、禅定等，都是源源不绝的财富。这样的人生，当然因此而富有了！

【正文】

发财，是一般人共同的愿望。大家都希望发财，但钱财多了是不是真的就很幸福、快乐呢？不尽然也！有很多人，钱财越多，烦恼越多，是非越多。世间人为财死的例子，不胜枚举。其实，财富不要完全从金钱上去看，人生应该追求的，除了金钱以外，还有更多的财富，更究竟的财富。什么是究竟的财富呢？有六种：

一、身体的健康。健康就是我们的财富。有了很多钱，身体不健康，吃也吃不下，玩也没力气玩，财富又有何意义呢？所以宁可没有钱，不能没有健康。

二、生活的如意。有的人虽然有钱，可是生活不如意、不顺心，心里感到不痛快，有钱也形同破铜烂铁一样，所以生活如意，才是真正的财富。

三、前程的美好。我有光明、美好的前途，我对未来充满希望，希望就是财富。

四、眷属的平安。一个人即使再有钱，如果家里的人都不平安，有什么用呢？金钱不能买到和乐的家庭生活，所以眷属的平安，就是无形的财富。

五、合法的钱财。钱财的获得，必须要合法。我合法得来的，我用我的智慧、力气、时间辛苦赚来的合法财富，才能用得心安理得。

六、内心的能源。真正的财富在哪里？在自己的心里。我心里生起智慧，智慧就是我的财富；我心中生起满足感，满足感就是我的财富；我心中生起惭愧心，惭愧心就是我的财富；我心中生起禅定，禅定就是我的财富；我心中生起般若智慧，般若智慧就是我的财富。所以，我们不一定要在心外寻找财富，真正的财富，应该是内心源源不断的能源。

所以，究竟的财富是：

一、身体的健康。

二、生活的如意。

三、前程的美好。

四、眷属的平安。

五、合法的钱财。

六、内心的能源。

【思考】

1. 本文告诉我们“究竟的财富”有哪些？
2. 为什么“眷属的平安”是财富呢？
3. “惭愧心”为什么也是财富呢？
4. 如何开发内心的能源，使之成为真正的财富？

【延伸阅读】大丈夫

- 坦承错误真勇气，错而能改大丈夫。

如何靠自己

要自我肯定，要自我尊重；

要自我自在，要自我安乐。

【提要】

草地上的老水牛，自认是一头只会拖车、拉犁的牛，整日唉声叹气，路过的大黄狗告诉它：“牛大哥，你是个大人物，会帮农夫耕种，让作物成长，对人类贡献非常大。”老水牛一听，不禁抬起头来：“哞！”大叫一声，建立起自信心，耕种起来更勤奋。由此可知，唯有肯定自我，才能创造自己，超越自己。世间任何事情，都由不得别人，一切都是要靠自己才能有所成。例如，想要富贵，可以勤劳工作；想要知识，可以发愤读书；想要行事顺利，就要广结善缘；想要健康，就要重视保健。因为，唯有自己才是自己真正的贵人。

【正文】

一般人都是心向外求，一心只希望别人帮我，只要求国家给我，要求社会大众给我。一切靠别人、靠亲友、靠社会、靠国家，自己内心没有一点力量，一旦失去外在的支助，就丧失前进的力量，这太脆弱了，所以，人还是要靠自己，自己才是最可靠的朋友。如何靠自己，健全自己？

一、要自我肯定。一个人如果都不能肯定自己的道德、自己的学问、自己的能力、自己的发心、自己的慈悲，又怎能期望别人信任、肯定自己？

二、要自我尊重。君子不重则不威，自重以后，别人才会尊重我们。例如，说话要说有分量的话，做事要做对人有益的事，才会赢得别人的尊重。

三、要自我自在。现在的人，常因别人一句话、一个脸色就坐立不安，困扰不已。佛教中有“一屁打过江”的故事，是说唐宋古文八大家之一的苏东坡，自以为参禅已经到达“八风吹不动”的境界，没想到却被佛印禅师一个“屁”字，就打过江，所以我们要自我自在，不要轻易受到影响。

四、要自我安乐。现代人往往把快乐建立在外在的声色娱乐上，或者仰赖别人的给予，自己内心全然没有快乐，所以，有时候会觉得活得没有任何意义。佛教里的许多禅师，虽然打坐时眼睛闭起来，不看不听，但是内心却很快乐，这种发自内心的法喜安乐，才是涵养生命的重要资粮。

所以，要健全自我，应该：

一、要自我肯定。

二、要自我尊重。

三、要自我自在。

四、要自我安乐。

【思考】

1. 试述本文之大意。

2. 试着分析自己的优缺及专长有哪些。

3. 如何自我安乐？

4. 请分享苏东坡被“一屁打过江”的故事。

5. 本文给你什么启示？

【延伸阅读】珍惜因缘

- 众生何只万千，相逢非等闲事；
  但愿彼此珍惜，须知缘来不易。

树立自我的形象

不要贪财、贪爱、贪嗔，不要自大、自怨、自叹；

不要无信、无义、无耻，不要负国、负人、负己。

【提要】

《华严经》云："心如工画师，能画种种物。"我们的心，能够把自己雕塑成圣人、凡夫、罗刹、阿修罗，或是菩萨、声闻、缘觉、佛的形象，端看你如何树立自我的形象。例如，荆轲行刺秦王，慷慨就义，树立了英雄豪杰形象；岳飞精忠报国，踏破贺兰山阙，树立一代名将形象；警察除暴安良，打击犯罪，树立人民保姆形象。我们若能在生活中实践"做好事、说好话、存好心"，就能树立三好的自我形象，而赢得别人的尊重。

【正文】

每个人都希望留给别人良好的印象，都希望别人认为自己是一个好人，是一个正人君子，是一个很诚恳的人。个人的形象是由自己塑造的，我们如何才能树立自我良好的形象呢？我有四点意见：

一、不要贪财、贪爱、贪嗔。一个正人君子，绝对不会贪人钱财，夺人所爱，乃至不明事理地乱发脾气。所以要让别人觉得自己是个君子，就不能贪财、贪爱、贪嗔。

二、不要自大、自怨、自叹。有些人常常会自我膨胀，觉得自己很伟大；有的人则自我怨恨，感慨时运不济，因而怨天尤人，甚至内怨眷属，外怨亲友不帮自己的忙。不管是自我膨胀，或是自怨自艾、自哀自怜，都不是一个健全而成熟的人，都很难留给别人良好的形象。

三、不要无信、无义、无耻。一个人，如果留给别人的形象是言而无信、不讲义气、不知羞耻，这种形象就很不好了。做人要避免无信、无义、无耻的毛病，才会有良好的形象。

四、不要负国、负人、负己。每个人的一生，都是在社会大众的共同成就下成长，所以做人要有感恩心，要回馈社会，不要辜负国家对我们的栽培，社会对我们的厚爱，亲人、朋友对我们的期望，更不要对不起自己。无论是青年、少壮、老人，不管是公务员，甚至家庭主妇，都不能辜负自己的职务、立场，不要对不起自己，这就是我们应该树立的形象。

所以，如何树立良好的形象？

一、不要贪财、贪爱、贪嗔。

二、不要自大、自怨、自叹。

三、不要无信、无义、无耻。

四、不要负国、负人、负己。

【思考】

1. 如何树立良好的形象？

2. 你如何与自大、自怨、自叹之人相处？

3. 从小至今，谁的形象影响你最深？

4. 如何回馈社会？

【延伸阅读】广结善缘

- 人人皆求名和利，几人能把欢乐分；
  能使众生皆欢喜，我的财富不是金。

如何发挥自我的潜能

肯定生命价值，诚实评估自己；

涵养清明心境，勇于面对现实。

【提要】

“潜能的发挥”是人生成败的关键。孟子云：“天将降大任于斯人也，必先苦其心志，劳其筋骨，饿其体肤，空乏其身，行拂乱其所为，所以动心忍性，增益其所不能。”足见成就一番大事业，必经艰辛与困苦。一个人若能通过考验，就有机会发挥所长，就能在努力工作中，实现自我。有句话说：“胜人者有力，胜己者强。”所谓“胜己”，不但要战胜自己身体所受的苦难与折磨，更要战胜内心的惰性与依赖，方能发挥潜能，迈向成功。

【正文】

每个人都有无限的潜能，就像能源藏在海底，藏在深山里，需要开发才能显现出来。当初，佛陀开悟的时候曾说：大地众生皆有如来智慧德相，人人皆能成佛。人都能成佛了，还有什么不能的呢？所以每个人都有无限的潜能，只待自己开采、发挥。

如何发展我们的潜能呢？

一、肯定生命价值。我们的生命有无限价值，我们不要以为自己只有五尺、六尺之躯，没有多少能力，没有多少作为。其实生命里面有无限的价值，即使是小小的平民百姓也能旋转乾坤，有时小兵也能立大功，所以我们要肯定自己，相信自己，可以为国家社会做出很大的贡献，为自己成就很大的事业。

二、诚实评估自己。我们平时应该不断地衡量自己、评估自己，看看自己能发挥多少潜能，能尽多少力量。自己不必有所保留，也不必有所顾忌，只要客观地评估，然后尽情地发挥自己。

三、涵养清明心境。人往往沉迷于世间物欲，迷惑于世间的情感，把自己的真心本性蒙蔽了。现在我们要清除自己心灵上的尘埃、污秽，要涵养我们清净的心灵，如此才能把自我的潜能显现出来。

四、勇于面对现实。有的人常常慨叹世态炎凉、人情冷暖，觉得很难在社会上立足，觉得现实太残酷了。其实，只要我们以平常心处世，把自我潜能发挥出来，做好自我的价值评估，就能勇敢地面对现实。如何悠游自在地生活？就看我们有没有信心，有没有勇气面对现实、面对问题。

所以，要发挥自我的潜能，就要：

一、肯定生命价值。

二、诚实评估自己。

三、涵养清明心境。

四、勇于面对现实。

【思考】

1. 如何发挥自我潜能？

2. 你认为生命的价值在哪里？

3. 如何涵养清明的心境？

【延伸阅读】不看眼前

- 莫以一时定终生，计算分秒有几多；
  人生道路好长远，一尺一丈算什么。

力量用在何处

用忍耐的力量处众，用担当的力量负责；

用亲和的力量待人，用禅定的力量安心。

【提要】

太虚大师说："忍辱绝非是卑怯无力的含垢忍怨，是以一种极大的力量来忍受一切。"《佛遗教经》亦言："能行忍者，乃可名为有力大人。"可见，忍耐是一种不容忽视的力量。对于自己所说的话或所做的事，能够负起责任，不推诿过失，这也是力量的表现；跟人相处时，每个人都希望得到别人的鼓励与认同，唯有能够用亲和力对待别人，才是真正有力量的人；禅门里强调，调心之前，必先调身、调息，把身体和气息调好了，心才能安住，心安住了，才有力量面对外境的无常变化，所以，禅定也是一种力量！

【正文】

每个人都有力量，但是有的人为什么做事不着力、读书不着力？那是因为自己用力不够。如何把我们的力量用在适当的地方？我有四点意见贡献：

一、用忍耐的力量处众。人与人相处，尤其在大众里生活，最要紧的力量，就是忍耐。在团体中，人多嘴杂，不可能每一个人都是我们欢喜的人，每一个人说的话都是我们喜欢听的话，每一个人做的事都是我们喜欢的事，因此在不同的人事里面，我们要有容纳大众的雅量，要有忍耐的力量，才能接受许多不同的人事，所以要用忍耐力来处众。

二、用担当的力量负责。一个人对于自己所说的话、所做的事情要能负责，要能担当。能担当负责的人，才能做领导人，不能担当就不能做领导人，所以我们要用担当的力量去负责。

三、用亲和的力量待人。我们每天和人相处，不能一直都是板着脸孔，没有笑容，过分严肃的人，不具亲和力；没有亲和力的人，做事不容易获得别人的支持、拥护，所以我们要以亲和力待人。挪威曾经立法明订：没有笑容是非法的。所以，每个人不可以没有笑容，不可以没有亲切感，没有笑容的人，就是没有力量。

四、用禅定的力量安心。我们要怎样安心？必须要有定力，要有泰山崩于前而色不变的禅定力量，也就是要能处变不惊。

因此，我们的力量应该运用在何处？

一、用忍耐的力量处众。

二、用担当的力量负责。

三、用亲和的力量待人。

四、用禅定的力量安心。

【思考】

1. 我们应该把力量用在哪里？

2. 为什么要用忍耐的力量处众？

3. 在团体中，你想当领导者或是被领导的人？为什么？

4. 为何说没有笑容的人，就是没有力量的人呢？

5. 如何训练自己的禅定力？

【延伸阅读】平等是福

- 众生有众相，看来不一样；
  若持平等心，相处便和祥。

放大心胸

往好处看，往大处想；

往细处察，往深处解。

【提要】

我们赞美佛陀的伟大，说他“心包太虚，量周沙界”；赞扬古圣贤君，能以天下苍生为念，甚至所谓“宰相肚里能撑船”，都在说明，想成为一个伟大的人物，必须要有宽大的胸襟。眼、耳、鼻、舌、身、意，都是我们的门窗，我们透过六根，就可以认识六尘，是非得失，都在我们的分析之内，是好是坏，我心了然。凡事往好处看、往大处想、往细处察和往深处解，放大心胸，做事自然会得人助，自然能成其大业。

【正文】

一个心胸宽阔的人，不但生性乐观开朗，容易满足，容易获得快乐，做事也容易成功。如何才能放大心胸呢？我有四点意见：

一、往好处看。世间的好坏没有一定的标准，我的心好，看世间都是美好的；心不好，贪欲炽染看世间就不好。所谓“三界唯心，万法唯识”，一切的境界，可以随我们的心识而转变。宋朝的苏东坡和佛印禅师在一起打坐，佛印禅师问苏东坡：“我坐的姿态像什么？”苏东坡说：“你的坐相像一堆牛粪。”苏东坡反问佛印禅师：“我的坐相如何？”佛印说：“你的坐相像一尊佛。”苏东坡很高兴，以为赢了佛印禅师，但是苏小妹告诉他：“禅师的心中是佛，看人都是佛；你心中是牛粪，看禅师的坐相就是牛粪。”所以，我们看世间人事，要用佛心，要用好心，要用善心去看。

二、往大处想。世界有多大，我们的心就有多大；我们的心有多大，世界就有多大，宇宙、法界都在我们的心中。有一位青年去爬山，在高山上心境海阔天空，他感觉世界真大。回到家里，看到当教授的父母和邻居吵架，只为了树叶掉到别家的院子而吵架，他觉得世界如此广阔，为什么还要为芝麻绿豆的小事争执呢？人生常常往大处想，自然心胸开阔。

三、往细处察。佛陀说：世界上所有众生若干种心，如来皆悉知悉见。我们要学习佛陀，看人看事要从微细处用心观察，才能做一个反应灵敏、能纵观全局的人。

四、往深处解。凡事要深入思维，人际的种种关系，佛法的甚深微妙，都要深入了解，不要只求表面认识。

所以，如何放大心胸？就是：

一、往好处看。

二、往大处想。

三、往细处察。

四、往深处解。

【思考】

1. 如何放大心胸？

2. 试述几则“往好处看”的例子。

3. 试述看人看事要往细处用心观察的目的。

4. 为什么放大心胸，也必须往深处解呢？

【延伸阅读】净秽一如

- 普度不避脏和秽，好让污泥出青莲。

第二章

去除心病

要求不着急，脾气慢半拍；

痴迷转灵巧，疑嫉化祥和。

【提要】

人，为了身体健康要“养生”，为了内心的清净要“养心”。但是，“养生”容易，“养心”难。因此，当心情浮躁不安、着急时，可以通过“静定”的功夫，改善浮躁、不安稳的性格。当思想掉进愚痴迷惘中时，会因为无知而“杯弓蛇影”，不明白生命的真谛；有智慧的人，能转愚痴为灵巧，所谓“山不转，路转；路不转，人转；人不转，境转；境不转，心转”。心一转，宇宙人生，穷通祸福，也会随着我的心而转。所以，当我们去除贪、嗔、痴、慢、疑等心病时，自然就可以拥有一个豁达、自在的人生。

【正文】

我们的身体常常有头痛、肚子痛、胃痛等毛病，我们的心理也有毛病，心理上的毛病就是贪、嗔、痴、慢、疑。如何去除心理上的毛病呢？我有四句偈提供参考：

一、要求不着急。贪念之心，人人皆有，但是我们要能够控制自己的贪心，不能贪求无厌，心中有所要求，也不着急马上实现。比方过去我有个心愿，希望成立一个图书馆，于是我就慢慢地买书，十年、二十年、三十年，只要我持续地买下去，必定能够成立一个图书馆。现在，我已经建立好多个图书馆了。我想要成立一个佛教博物馆，我就慢慢地搜集佛教文物，我相信只要我不死，十年、二十年、三十年，总有一天会完成愿望，现在佛光山已经有一个佛教文物陈列馆了，所以“要求不着急”。时下的年轻人就是贪心，太着急，希望立刻拥有一切，于是自己制造心理上的毛病。

二、脾气慢半拍。我们发脾气的时候，只要肯对自己说“等一会儿、慢五分钟、我想一想”。如此，脾气就发不起来了，憎恨心就消除了。

三、痴迷转灵巧。我们愚痴、迷惑、不明理，都是由于固执己见，假如我们能够多为对方着想，凡事合于公道，如此就能够转愚痴为灵巧了。

四、疑嫉化祥和。人和人相处，经常会有疑心、忌妒心。常常别人在讲话，本来与我无关，可是以为他们一定是在批评我；看到一点风，就联想到一阵雨，所以在心中产生狐疑，有了狐疑，就无法信赖别人，对国家社会、对亲朋好友、对宗教信仰也就不能生起信心。

所以，如何去除贪、嗔、痴、慢、疑？应该牢记以下四点：

一、要求不着急。

二、脾气慢半拍。

三、痴迷转灵巧。

四、疑嫉化祥和。

【思考】

1. 如何抑制贪心？试举例说明。

2. 为什么脾气要慢半拍？

3. 请分享一则将痴迷转灵巧的事例。

4. 试分析产生疑嫉的原因。

【延伸阅读】好心有好报

- 嘉禾田里种，善因植在心；
  他朝稻长成，善果亦随生。

我能为世间留下什么

为社会留下建设、发心、奉献，

为朋友留下亲切、服务、善缘，

为生命留下信仰、证悟、功德。

【提要】

人与人之间都是生命共同体，从出生到生命结束，彼此互为因缘，所谓“人人为我，我为人人”。与朋友相处时，应亲切、有礼，当他们需要援助的时候，及时给予协助，若能如此，相信走到哪里，都会是个广受欢迎的人。宋朝文天祥曾说：“人生自古谁无死，留取丹心照汗青。”死的其实是有形的躯壳，精神是永远不会死的。譬如，玄奘大师“宁向西天一步死，不回东土一步生”；鉴真大师东渡日本弘法。他们为法忘躯的精神，不会因为生命的结束而画下句点，而是永恒地留在世间，与天地同在！

【正文】

俗话说：“人死留名，豹死留皮。”人到世间走了一趟，是否曾想过，我能为世间留下一些什么？古人有所谓的三不朽：立功、立德、立言。我们如何为世间留下永垂不朽的功德、名声呢？我有三点意见：

一、为社会留下建设、发心、奉献。所谓建设，不一定是什么大工程，只要有益于大众，比方种几棵树，栽一些花，造一座桥，修一条路，乃至留下一个值得纪念的凉亭、栏杆等，都是我们能为社会留下的建设，也代表我们的一份发心、一份奉献。

二、为朋友留下亲切、服务、善缘。朋友为什么要和我们交往？一定认为我有益于他，因此我们对朋友要给他一些帮助，要对他有一些影响。我对朋友有些什么影响呢？譬如我很亲切，我肯为他服务，我留给他一些善缘，让我所交往的每一个朋友，都能得到我的帮助，得到我的利益。

三、为生命留下信仰、证悟、功德。人生在世，不过数十寒暑，每个人到头终难免一死，但死的是有形的躯壳，精神是不死的，只要我有信仰，我有崇高的人格、道德，我有般若、智慧，我的生命将与天地同在，亘古长存。

所以，我们能为世间留下什么？

一、为社会留下建设、发心、奉献。

二、为朋友留下亲切、服务、善缘。

三、为生命留下信仰、证悟、功德。

【思考】

1. 我们要为世间留下什么？

2. 何谓立功、立德、立言？

3. 你希望为社会、朋友、生命留下什么？

4. 试述阅读本文后的读后感言。

【延伸阅读】真诚为财

- 布施与结缘，贵在诚和真；
  虽无财和物，快乐亦可分。

看 心

圣人求心不求佛，愚人求佛不求心；

智人调心不调身，愚人调身不调心。

【提要】

“圣人求心不求佛”，“圣人”是指品德高尚、有智慧的人。一个有品德的人，处处反求诸己，观照自心，净化自己的身口意；相反，“凡人求佛不求心”，因凡人只追求个人的享受，拜佛只为了求取个人的平安与财富，处处苛求别人，放纵自己。惠能大师曾说：“一切福田，离不开自己的心。”因为心为万法之本；而有些人，只注重身体的保健，而忘了内心的世界更需要保健。所以说，圣凡智愚之别，在于有无智慧观心自照！

【正文】

我们平常看山、看水、看花、看草、看人、看事，看尽男男女女，看尽人间万象，却很少有人“看心”，因为，尽管我们看尽了世界上的美景奇观，却看不到自己的“心”！心是我们自己的，我们要能明心见性，才能找到自己。惠能大师在《六祖坛经》里有四句话，教我们看心：

一、圣人求心不求佛。圣人看心，不一定要求佛；他向自己要求，不向佛求。有一首诗偈说："佛在灵山莫远求，灵山就在汝心头；人人有个灵山塔，好向灵山塔下修。"求自己，比求佛重要；开发自己佛性的潜能，比终日空想成佛，却不去修行实践更要紧。

二、愚人求佛不求心。凡夫愚迷，天天求佛拜神，跟神明求平安、求发财、求顺利，这是把信仰建筑在贪心上面；一个人如果不反求诸己，不观照自己的内心，不净化自己的心，求佛有什么用？

三、智人调心不调身。有智慧的人，平常就懂得治心，因为心为万法之本，所以平时要以戒来对治贪心，以定来对治嗔心，以慧来对治痴心，这样妄心就调伏了。心调治好，相貌自然端庄。

四、愚人调身不调心。愚痴的人，往往只注重身体的保健，只知道注意营养、运动等保健之道。虽然调身要紧，但是调心更重要。如果只调身不调心，心没有治好，光有健康的身体，而没有好心，这个身体不会做好事。如果能把心治好，就算身体不健康，但有清净的思维，有善良的言行，他的生活自然就能解脱。

所以，看心的四种方法就是：

一、圣人求心不求佛。

二、愚人求佛不求心。

三、智人调心不调身。

四、愚人调身不调心。

【思考】

1. 惠能大师在《六祖坛经》中，教我们如何看心？

2. 为什圣人求心不求佛？

3. 试举凡人求佛不求心的例子。

4. 试述“调身”与“调心”有什么不同？

【延伸阅读】善因妙果

- 善心有若及时雨，好让朽木长新枝。

如何孝顺父母

供养父母，不令缺乏；

凡有所为，必先禀白；

父母所为，恭顺不逆；

父母正令，不敢违背；

父母正业，不为中断。

【提要】

《大集经》云：“世若无佛，善事父母，即是事佛。”生逢末法时代的我们，要将父母当作佛陀一般来侍奉尊重。因为父母的生养，我们才能保有人身，才能追求佛陀所诲谕的慧命，而人身具足，慧命成就，也才能圆满菩提，证得佛道。

【正文】

在佛教里，讲到孝顺父母，有三个层次：第一是初品的孝顺父母，是甘旨奉养，让父母在生活上获得适度的孝养，没有缺乏；第二是光宗耀祖，为人清白，事业成功，声名远播，道德令人敬重，让父母祖宗都得到荣耀，这是中品的孝顺；第三是上品的孝顺，就是引导父母有道德、有慈悲、有宗教的信仰，不但此生他可以安身立命，就是百年之后，也能有好去处，这是最上品的孝顺。

所以，如何孝顺父母？有五个方法：

一、供养父母，不令缺乏。在生活上，物质所需、精神的关怀，要让父母满足，不虞欠缺。

二、凡有所为，必先禀白。儿女无论要做什么事，要创哪一种事业，都要让父母知道，不要让父母感觉到你隐瞒他，让他感受到儿女对他有十足的信任。

三、父母所为，恭顺不逆。父母想要做好事，想要有所作为，身为子女的就要顺从父母的意思，不要忤逆。我们一生受之于父母，怎忍心违逆他呢？所以中国固有的孝道思想中，做到孝比较容易，顺的标准比较难，顺父母的心意更难。

四、父母正令，不敢违背。我们不要违背父母正当的命令，他要做善事、做好事，不要违背他。

五、父母正业，不为中断。假如父母创办了什么好的事业，如养老院、孤儿院、学校，或者一些社会福利的事业机构，为人子女者，不能让它中断，要把父母的正业一直继承下去，这才是孝顺。

所以如何孝顺父母？就是：

一、供养父母，不令缺乏。

二、凡有所为，必先禀白。

三、父母所为，恭顺不逆。

四、父母正令，不敢违背。

五、父母正业，不为中断。

【思考】

1. 在佛教里，孝顺父母有哪三个层次？

2. 如何孝顺父母？

3. 请分享一则有关孝道的故事。

4. 试述你与父母的相处模式。

【延伸阅读】父母是福田

- 慈爱父母易见，孝顺儿女难求；
  莫为利欲熏心，提防果报当头。

怎样生活

要随遇而安，要随缘生活；

要随心自在，要随喜而作。

【提要】

曾子说：“吾日三省吾身。”就是希望自己每天要做反省的功夫，审视一日生活中的身、口、意是否心安理得。本文提供四把钥匙，让我们在瞬息万变的生活中，学习如何自我安住身心、随缘自在，因此，懂得如何生活的人，就能拥有“好”的人生。好的人生，是付出的人生；是肯吃亏、愿意奉献的人生；是凡事都简单、事事都容易解决的人生；是不分亲疏、不求回报的人生；是以助人为美德的人生；是以服务为目的的人生；是如观世音菩萨“千处祈求千处应”的人生；是从不觉得为难的人生；是不计个人利益、凡事都说好的人生。

【正文】

我们可曾反省日常的生活是怎样过的？生活要有计划，诸如经济、作息，甚至是在家中的一举一动等，都要有计划，凡事有了计划，都会事半功倍。

生活中充满苦乐、有无、顺逆、穷通、得失，起伏无常，在起伏不定的生活里，我们怎么来适应呢？

一、要随遇而安。在随遇而安的生活里，有也好，无也好，多也好，少也好，甚至光荣也好，侮辱也好，都不要太计较穷通得失、顺逆有无，遇到什么都能接受，都能安住，就是随遇而安。

二、要随缘生活。在我们的生活中，或早或晚，或和好人相处，或与坏人为伍，或占便宜，或吃闷亏。在这善与不善的因缘里，我们要随缘生活。

三、要随心自在。我们的心，在生活里要感到自在，不起差别爱憎的念头，就像观音菩萨叫观自在。观人自在，是说我的心，看人很自在；观事自在，我看一切事很自在；观境自在，我对一切境界都很自在，所以，我们的心，能够安住在自在中。

四、要随喜而作。不要苦苦恼恼、心不甘情不愿地工作，应抱着充满欢喜、乐趣的心情去工作，生活自然就会美好。

我们应该怎么样生活？有下列四点：

一、要随遇而安。

二、要随缘生活。

三、要随心自在。

四、要随喜而作。

【思考】

1. 如何适应起伏不定的生活？

2. 试述你对“随缘生活”的体悟。

3. 如何“观自在”？

4. 请分享“随喜而作”的经验。

5. 本文给你什么启示？

【延伸阅读】活在当下

- 不为昨天困，不为明日迷；
  面对是今天，尽心尽力为。

怎样修行

慈悲喜舍遍法界，惜福结缘利人天；

禅净戒行平等忍，惭愧感恩大愿心。

【提要】

“师父引进门，修行在个人。”国际佛光会的会员们，依循着“佛光四句偈”，在世界各地展开人生的修行旅程；他们以一颗慈悲、欢喜的心，在世界各地散播光明与希望，无私地奉献自己的智慧与才能。他们以怀着一颗感恩、惜福的心，来利益他人；以参禅、念佛来修养、提升自己的道德人格，并遵循着戒律与法令，以一颗平等、耐烦的心，看待一切人我是非；最后，以惭愧感恩的心情，回向一切功德予十方法界有情，祈愿社会和谐、国泰民安、世界和平！

【正文】

1992年，佛教界成立了一个世界性的民间团体，叫“国际佛光会”，已在世界各地八十多个国家扎根，至今已有近三千个分会，计有数百万的会员遍布五大洲。佛光会平时除了举办一些公益性活动，以服务社会大众外，尤其重视会员的福利与修行。佛光会员怎样修行呢？佛光会员四句偈，就是他们修行的指南：

一、慈悲喜舍遍法界。修行最重要的是修心，首先我们希望每个佛光会员心里都充满了慈心、悲心、喜心、舍心等“四无量心”，然后进一步，把慈悲喜舍的四无量心，遍满于法界之中，让世界到处充满祥和，让佛光普照人间。

二、惜福结缘利人天。怎么惜福？就是爱惜自己的福德因缘，不要浪费自己的福报。宇宙之间，一滴水都有它无穷的功用，都值得我们珍惜，所以不要随便浪费。此外，要懂得广结善缘，要不吝于给人一点欢喜，给人一些帮助，借着结缘来普利人天，让欢喜、利益遍满世界。

三、禅净戒行平等忍。我们平常参禅念佛，是为了明心见性，为了修养我们的道德人格。持戒守法正是让我们心地光明磊落的一剂良药，所以我们要遵守法令，要持守戒行，同时更要有平等心、忍耐力来面对是是非非、好好坏坏的人和事，能够在逆境中利益别人、成就自己，这就是最大的修行。

四、惭愧感恩大愿心。我们修行，最重要的是要有惭愧心，《佛遗教经》说：“惭耻之服，无上庄严。”惭愧就像一件衣服，穿了惭愧的服装是最庄严的。无论你到世界上任何地方，逢人常怀“对不起”“我错了”“我很抱歉”的惭愧心，什么问题都能解决，人就怕不知惭愧。此外还要有感恩心，感恩就是富有，我们平常不肯对别人感恩，就表示我们很贫穷；你如果自觉富有，你就肯感谢别人。我们还要发大愿心，愿国泰民安，愿世界和平，愿大家得度。

佛光会员四句偈，不仅是佛光会员要时时谨记，如是修行，就是平常的每一个人也可以作为座右铭，来提醒自己。

一、慈悲喜舍遍法界。

二、惜福结缘利人天。

三、禅净戒行平等忍。

四、惭愧感恩大愿心。

【思考】

1. 试述佛光会员修行的指南。

2. 略述国际佛光会创会的理念。

3. 国际佛光会的特色为何？

4. 试述国际佛光会发展至今，举办过哪些大型的活动。

【延伸阅读】合掌人生

- 人人争胜多吵闹，各个礼让见乐和。

如何修持身口意

身常行慈，不杀不盗不淫；

口常行慈，不妄不假不骗；

意常行慈，不贪不嗔不痴。

【提要】

如何修持身口意？简单来说，就是实践“三好运动”，什么是“三好”呢？当你看见需要帮忙的人，能够义不容辞地伸出援手，就是“做好事”；口里常说赞美的话，不谈是非，不两舌、妄语，就是“说好话”；随时观照自己的起心动念，不起恶心，就是“存好心”，因为心念就像呼吸，不易察觉，每个人的心中都含有“贪嗔痴”等多种毒素，所以佛陀教我们，应以喜舍之心，对治贪染之心；以慈悲之心，对待嗔恨之心；以因缘之法，治疗愚痴之病。能够如此，清净、善美的法水，才会流入我们的心中，长出甘甜、丰硕的果实。

【正文】

有时候我们讲修身，有时候我们讲修口，有时候我们讲修心、修意，究竟要如何修持身口意呢？

一、身常行慈，不杀不盗不淫。我们身体所犯的罪恶之中，最严重的就是杀生、窃盗、邪淫，也就是杀、盗、淫。杀人、伤人、打人，是犯法的；窃盗、抢劫、绑票、侵占，也都是犯罪的，甚至于邪淫、不正当的感情，有伤风化、妨害家庭、拐骗等，都是罪恶。如果身常行慈，不杀、不盗、不淫，就是身的修行了。

二、口常行慈，不妄不假不骗。口舌最容易造罪业，假话说成真的，真的说成假的，是妄语；搬弄是非、挑拨离间，是两舌。“一言兴邦，一言丧邦。”口，能像刀剑伤人；口，也能做功德；口，也能修行。有时候，我们赞美别人几句，就能产生无穷的影响力，所以我们要多多用口修行，不妄语，不说假话，不欺骗人。

三、意常行慈，不贪不嗔不痴。贪、嗔、痴称为三毒，是我们学佛的三种障道因缘，能毒害我们心中的善法，使我们长劫受苦而不得出离，因此，学佛首先要去除贪嗔痴。如果我们的心中充满贪欲、嗔恨、邪见、愚痴，就像杯子里装满了脏水，如何能接受清净的甘露法水呢？所以出家人称为“沙门”，亦即“勤息”的意思，也就是说要勤修戒定慧，息灭贪嗔痴。因此，修行要常行慈悲，要不贪、不嗔、不痴。

如何修持身口意？就是：

一、身常行慈，不杀不盗不淫。

二、口常行慈，不妄不假不骗。

三、意常行慈，不贪不嗔不痴。

【思考】

1. 身体，如何行慈悲？

2. 语言，如何表达慈悲？

3. 心意，如何传达慈悲？

4. 请记录并分享一周的三好事迹。

【延伸阅读】从自己做起

- 手中一把尺，度己不度人。

道在哪里?

学习接受，是自我充实之道；

想当然耳，是自在安忍之道；

凡事忍耐，是自由快乐之道；

赞美别人，是自己善缘之道。

【提要】

我们常以为“道”是修行人的专有名词，其实，道就在每一个当下。当你虚心接受，愿意学习的那一刻，就是自我的充实之道；无缘无故被人冤枉，却没有任何埋怨时，就是自在安忍之道。六祖惠能大师曾说：“忍则众恶无喧。”凡事忍耐，这就是自由快乐之道；常说好话，随喜赞叹他人，就是自己的善缘之道。所以，生活要过得充实、自在、快乐，必须要有“道”。

【正文】

常常听人说他要修道、学道，但道在何处？道不一定在佛祖那里，道也不一定在出家人那里；道应该是在每一个人的眼前，每一个人的身边，每一个人的心里，所以自己要有道。但要有什么道呢？

一、学习接受，是自我充实之道。现在的青年学生，为什么有些人读书有进步，有些人读书没有进步，原因何在？在于他没有学习接受。台上老师讲课，他在台下神游；父母说的经验谈，儿女并没有受教；长官讲的连篇道理，他也没有接受。所以，一个人要自我充实，要自我进步，要自我有道，在学习的时候，就必须要接受，除认真地听讲外，还要听得透彻。佛经中有言：“以闻思修入三摩地。”意思是听了以后要思，思了以后还要修，这个接受就有道，这样的学习，就会有成就。

二、想当然耳，是自在安忍之道。现在的人，有好意见时，总是唱反调；但一个有为者，老师骂他、打他，他会觉得理所当然，因为这是教育；父母责怪他，长官批评他的种种不是，他都认为这是理所当然，这就是自在安忍之道。

三、凡事忍耐，是自由快乐之道。一切事情都要忍耐，忍耐就是力量。现今，有的人就是不能忍耐，即使是一点点不顺意也叫苦连天，也要反弹，因此他就不能自由快乐，不能担当。

四、赞美别人，是自己善缘之道。常说好话，赞美别人，人家喜欢，自己也欢喜。所以赞美别人，自己就有道，就是结缘之道。

道在哪里？

一、学习接受，是自我充实之道。

二、想当然耳，是自在安忍之道。

三、凡事忍耐，是自由快乐之道。

四、赞美别人，是自己善缘之道。

【思考】

1.“道”在哪里?

2. 如何从“学习接受”中自我充实?

3. 为什么“想当然耳”是自在安忍之道?

4. 如何从“忍耐”中体证自由与快乐?

5. 你如何广结善缘之道?

【延伸阅读】因缘果报

- 种因如种树,果非即时见;
  一朝因缘熟,美果现眼前。

第三章

如何学道修行

从淡处着眼，从无处下手；

从疑处用心，从拙处力行。

【提要】

人生在世，总希望课业、事业、人际关系、家庭等，都能顺利圆满。学道修行也不例外，希望对佛法真理有所领悟，进而超越生死，清心自在。开悟之道，首先对人情冷暖要淡泊看待，也就是不要太执迷于感情，对他人的情感有过度的期待，以致难以细水长流。其次要从“无”的地方起手，摒除预设立场和成见，虚心学习才能有新的感悟和创造。在学道上用心发掘问题，并寻求答案。若能以勤能补拙的心态学习，加倍努力，就能有所进步。

【正文】

我们在世间上做人，总想要做一个成功的人，总希望事业顺利、课业进步、人际关系和谐、家庭幸福美满……最好做什么都能有所成就。学道修行也是一样，总希望对佛法真理有所体悟，以期能解脱烦恼，活得自在。我们要如何学道修行，才能明心见性，找回自我？有四点意见贡献给大家：

一、从淡处着眼。学道修行的人，不要太执迷于感情，而被感情束缚，不要什么事，都希望别人以浓情厚谊待我，有时候，感情太浓烈了，反而不能长久。所谓“君子之交淡如水”，青菜萝卜虽然味淡，若是天天吃，青菜萝卜也会吃出滋味来的。

二、从无处下手。无，不是没有，无中可以生有，所谓“真空生妙有”，要先“空”才能“有”。比方说，一块空地，什么都没有，才可以建高楼；心里没有成见，才能接受真理；茶杯要空，才能装茶水，才有甘醇的茶水可以喝，假如茶杯里面已经有了酒、油，味道就变质了。因此，无，并非不好，从“无”里面可以体会更多。我们做事，也要有从“无”开始的观念，不要希望人家都为我做好、准备好，真正有用的人，是能够从空无的地方成就一切。

三、从疑处用心。佛教和其他宗教不同，它重视“疑”。所谓小疑小悟、大疑大悟、不疑不悟。要在学道上用心发掘问题，此即禅宗所谓的“参话头”。能把一句话紧紧守住，行住坐卧都不离，在疑惑处下手，如此学道才会有消息。

四、从拙处力行。抱着笨拙的心去学道，古人曾说：“勤能补拙。”我们做任何事，只要能精勤力行，终有寸进。

要如何学道修行呢？就是：

一、从淡处着眼。

二、从无处下手。

三、从疑处用心。

四、从拙处力行。

【思考】

1. 学道修行的方法有哪些？
2. 何谓“以无为有”？请举例说明。
3. 请提出“参话头”的种类。
4. 为什么要抱着笨拙的心学道呢？

【延伸阅读】往好处想

- 花儿开了又花落，好花难保好时光；
  花若开在心田里，花儿永远吐芬芳。

学佛的利益

认识真理、明了人生；走出自我、开阔胸怀；

培养人格、升华扩大；享受法乐、常行精进。

【提要】

学佛，能了解世间的因果法则，了解生命循环的变化，而能有自我转化的力量。学佛还可以让我们超越自我，扩大胸襟；把众生当作自己的兄弟姊妹，宇宙世间都是我修行的道场，于是，生命就有了新的价值。不仅这样，学佛也让我们培养品德，发挥生命的光和热。学佛，更可以让我们享受真理的快乐。世俗的娱乐如同泡影，瞬间烟消云散，学法的快乐，却是绵绵无尽，长驻心头！

【正文】

有人问，信仰宗教，究竟有什么利益呢？学佛的利益是什么？

一、认识真理、明了人生。学佛的最大利益，就是认识宇宙人生的真理。比方说，世界是怎么形成的？人生的真相是什么？生从何处来？死往何处去？你对佛教有了认识，就知道人的生死情况，知道世界的还灭。虽然，世界是成住坏空的，人是生老病死的，但并非成住坏空、生老病死之后就什么都没有。成住坏空是循环的，生老病死也不是一死了之；坏空之后仍有成住，死后还会复生，所以五趣流转、六道轮回之间的种种情况，都值得我们去探讨。

二、走出自我、开阔胸怀。如果没有佛教的信仰，我们就会生活在自我中心里，被虚妄的自我迷惑，因而执着贪恋，跳不出自我，不能超越自我，在贪嗔痴的泥沼里辗转生活，是很不自在的。我们如果有佛学的素养，走出自我，开阔胸怀，视众生都是我的兄弟姊妹，宇宙世间都是我的道场，那真是一个无限宽广的人生。

三、培养人格、升华扩大。在宗教里，最重视人格的完成，要把我们的自我升华扩大，扩大到“心包太虚，量周沙界”，把我们的人格培养成道德圆满的人生。

四、享受法乐、常行精进。我们信奉佛教，最主要的是享受真理的快乐。世俗上的娱乐短暂易失，法乐里的人生，快乐而深广无限。

所以学佛的利益有四种：

一、认识真理、明了人生。

二、走出自我、开阔胸怀。

三、培养人格、升华扩大。

四、享受法乐、常行精进。

【思考】

1. 学佛的利益有哪些？

2. 人生有哪些真相，值得我们探究？

3. 学佛之人有哪些特质？

4. 如何将“佛法”运用在生活中？试举例说明。

【延伸阅读】养护心念

- 不要好大喜功，莫以善小不为；
  须知涓滴成河，高山出于沙泥。

如何改变自己的命运

一块金钱，可以改变人的命运；

一句好话，可以改变人的命运；

一件善事，可以改变人的命运；

一点知识，可以改变人的命运；

一些方便，可以改变人的命运；

一个笑容，可以改变人的命运。

【提要】

美国总统林肯曾说："四十岁以后的容貌变化，自己要负责。"我们可以说，人的命运变化，也是要靠自己来改造。善用金钱、知识，不但自己得利，还可济世救人；一句好话、一件善事、一个笑容、给人方便的回报无以言尽。反之，则行事不顺，甚至惹来杀身之祸，真的不可不慎。改变命运的方法很多，无非都是从念头着手，一念觉悟，所有行事都从正念、善念出发，人的命运也就可以跟着变好。

【正文】

我们常常看到有人去找相命师求卦算命，其实自己的命运，别人不一定算得准，自己的命运，操纵在自己手里，自己可以决定自己的命运。怎么样改变我们的命运呢？

一、一块金钱，可以改变人的命运。一块钱，如果拿去买一本书来看，因此懂得待人处世的道理，懂得创业发财的方法，命运就此改变了；一块钱，如果拿去赌钱，赌输了，打打杀杀惹来牢狱之灾，一生就完了。所以，一块钱可以决定人的命运。

二、一句好话，可以改变人的命运。一句好话赞美对方，对方一欢喜，给我一些帮助，给我一些建言，从此改变了我的命运；如果一句话说得对方不欢喜，因此开除我，处处刁难我，我的命运可能就此变坏了。

三、一件善事，可以改变人的命运。我做了一件好事，得了好因好缘，可能就此平步青云；做了一件坏事，因而惹来灾难，麻烦不断，可能命运就很坎坷了。

四、一点知识，可以改变人的命运。我有很丰富的知识与技能，除了自受用外，我把它传授给别人，对方因此腾达了，于是回报我，答谢我，我的命运也就跟着改变了。

五、一些方便，可以改变人的命运。给人方便，就是给自己方便；不给人方便，本来很好的机会，也会被破坏而失去，命运就不一样了。

六、一个笑容，可以改变人的命运。给人一个微笑，对方很欢喜，会有好缘分。中国民间传说的“三笑姻缘”，就是一笑订终身，所以一个笑容，可以决定一个人的命运。

因此，经济上，一块钱可以改变我们的命运；语言上，一句好话可以改变我们的命运；功德上，一件善事可以改变我们的命运；教育上，给人一些知识技能，可以改变我们的命运；服务上，给人一些方便，可以改变我们的命运；面容上，给人一个笑容，也都可以改变命运。

所以改变命运要靠自己，相信命运操之在我。如何改变自己的命运？

一、一块金钱，可以改变人的命运。

二、一句好话，可以改变人的命运。

三、一件善事，可以改变人的命运。

四、一点知识，可以改变人的命运。

五、一些方便，可以改变人的命运。

六、一个笑容，可以改变人的命运。

【思考】

1. 改变命运的方法有哪些？
2. 历史上有哪位名人因一句话而改变了命运？
3. 为什么知识可以改变人的命运？
4. 你曾因为什么而改变自己的命运？

【延伸阅读】三世因果

- 前瞻见来世，自省现前生；
  若想知前途，眼前是原因。

成功的观念

只问耕耘，不问收获；只慰他苦，不祈我乐；

只想付出，不求回报；只愿成就，不计辛苦。

【提要】

成功是大家所期盼和追求的，若有“只问耕耘，不问收获”的精神，凡事用心用力，没有患得患失的焦虑，自然水到渠成。和人共事，若能多体谅和慰问对方的劳苦，不要计较自己的得失，只管付出，不计回报，表面上看似牺牲奉献，是没有待遇的工作，但事实上，心灵的喜乐和满足，是无法用言语形容的，也是金钱买不到的。

【正文】

每个人都希望自己的学业能成功，事业能成功，做人能成功，什么都要成功。但是想成功，先要建立一个好的观念，没有好的思想、观念，则差之毫厘，谬以千里。成功的观念有四点：

一、只问耕耘，不问收获。无论是做事业、读书，只要用心努力去做，不斤斤计较得失，即所谓“只问耕耘，不问收获”。

二、只慰他苦，不祈我乐。和人合伙、共事，要常慰问别人的辛苦，关心别人的辛劳，不要太过计较自己的利益、安乐。如果你和人相处太计较，不关心别人，又如何能获得别人对你的帮助呢？

三、只想付出，不求回报。一般人做事，都会为自己设定一个目标，总想有所收成；其实工作付出以后，应该要想我能给国家多少利益，给社会多少利益，给大众多少利益。凡事想到给人，不要斤斤计较；不求回报的付出，往往收获更大。

四、只愿成就，不计辛苦。我们做什么事情想要成功、要求圆满，为了成功何妨委屈，为了圆满必须辛苦，因为天下没有不劳而获的事，你要怎样收获，就要怎样栽，所以不计辛苦地付出，必定能成功。

因此，我们要明确地建立成功的观念，它们是：

一、只问耕耘，不问收获。

二、只慰他苦，不祈我乐。

三、只想付出，不求回报。

四、只愿成就，不计辛苦。

【思考】

1. 成功的观念有哪些？

2. 与人共事时，你有“只慰他苦，不祈我乐”的精神吗？

3. 为什么不求回报的付出，往往收获更大？

4. 试举一则“只愿成就，不计辛苦”的成功案例。

5. 试举一位名人成功的观念。

【延伸阅读】尊重包容

- 不以长自大，莫以小相欺；
  但有包容心，尊贵由谦卑。

如何健康

要有正当的欲望，要有正当的情爱；

要有正当的工作，要有正当的生活。

【提要】

所谓健康，狭义而言，是指身心皆健全的人；广义而论，只要心理健全，即使身残体障，却能积极向上、残而不废，也可以说是个健康的人。那么，要如何获得健康？最重要的是要在思想上、心理上有正知、正见，如理、如法地过日子，工作、生活、情爱、欲望等，都要懂得节度，适可而止。除此之外，生活中更要勉励自己，时时做好事、说好话、存好心，让生命充实、扩大，协助更多人获得健康的身心。

【正文】

生、老、病、死是人生的四个过程，人身体有了病痛，懂得要找医生治疗，但只希求身体上的健康是不够的，还要求思想上、心理上的健康，才能成为一个身心健全的人。怎样才能获得身心的健康呢？

一、要有正当的欲望。欲望人人都有，但是欲望有善法的欲望，有染污的欲望。染污的欲望譬如贪财、贪色，这种欲望有时不但损人不利己，甚至还会毁灭自己。所谓善法欲，譬如希望追求高深的学问，希望做一些有益社会大众的好事。善法欲可以提升自己的道德、修养，可以让自己的生命充实、扩大，所以我们要有正当的欲望。

二、要有正当的情爱。情爱人人需要，但是情爱也有染污的情爱，也有善美的情爱。父母对子女之爱，朋友、亲族之间的友爱，这种正常的友谊、亲情，就是正当的情爱。但是有时候，爱得不正当，爱得不应该，爱的对象不对、方法不对，形成不正当的情爱，就使身心烦恼了。

三、要有正当的工作。人，必定要有工作，世间的工作很多，有的是以杀生为业，有的以窃盗为业，有的以贩卖毒品、人口为业，这都是不正当的工作。我们要有正当的工作，才能有益于社会人群。

四、要有正当的生活。我们的生活要正常，早上定时起床，晚上定时睡觉，生活很有规矩、很正常，必然神清气朗。如果生活没有规律，早晨不起，晚上不眠，就是不正当的生活。尤其有的人饮食不节制、生活靡烂，甚至晨昏颠倒，这样的生活，想要获得健康的身心是不可能的。

我们想要过身心健全的人生，应该：

一、要有正当的欲望。

二、要有正当的情爱。

三、要有正当的工作。

四、要有正当的生活。

【思考】

1. 如何获得身心的健康？

2. 什么是“善法欲”？试举例说明。

3. 为什么要有正当的工作？

4. 正常的生活有哪些益处？

【延伸阅读】佛心

- 施不为报，信不为求。

处理是非的方法

不说是非，不传是非；

不理是非，不听是非。

【提要】

常言道："祸从口出。"人们常因逞一时口舌之快，畅所欲言，在没有充分了解或查证之下，往往造成许多误会和无法弥补的伤害。所以，谨慎发言，不说是非、不传是非；坚定态度，不理是非、不听是非。如此一来，人我是非自可消失于无形，因此，善于处理是非的人，自能免受是非干扰，而能活得清心自在！

【正文】

有人说："有人的地方，就有是非。"是非虽然到处可见，不过"是非朝朝有，不听自然无"，只要我们懂得处理是非，自然不会受其干扰。处理是非的方法，有下列四点：

一、不说是非。俗语说："谣言止于智者。"再多的谣言、是非，只要我不说，是非自然消失。

二、不传是非。我不但不说是非，而且面对是非，要做到不传播是非，以免是非渲染、扩大。

三、不理是非。对于世间的是是非非，越是理它，就越理越乱，所以，处理是非的另一个办法是不理是非。

四、不听是非。尽管再多的是非，我都“非礼勿听”，因为是非、谣言是极可怕的。抗战期间，有一天，空袭警报声大作，有个人说：“一架飞机来袭了！”随后有人问：“多少飞机呀？”他回答：“是一架飞机！”问的人没听清楚，就立刻传告别人：“十一架飞机！”有人再问多少架飞机，他说：“就十一架飞机呀！”结果谣传到最后成为“九十一架飞机”，可见以讹传讹、多手传播的可怕。

因此，我们要想过清净自在的生活，就要会处理是非。处理是非的方法有：

一、不说是非。

二、不传是非。

三、不理是非。

四、不听是非。

【思考】

1. 如何处理是非？

2. 试述一则传播是非所衍生的后果。

3. 请提供不听是非的方法。

4. 请撰写一篇读后感言。

【延伸阅读】果报自感

- 无是无非花遍地，贪妄嗔痴荆满途。

如何使自己进步

改心，换性；回头，转身。

【提要】

人都希望自己能不断进步，文中提到“改心、换性；回头、转身”能使自己进步，那么，要如何“改心”呢？就是把不好的心改成好的，那么家庭、人我、社会之间就会更加和谐。将自己懒惰、迷糊、贪婪、傲慢的性格，改成勤劳、精明、喜舍、谦虚的性格；社会上有很多人，做错事，却不知道错在哪里；伤害了别人，却还义正词严地指责别人，其实，这是造成无法进步的最大阻力。做人要给自己留个“转身”的空间，千万不可把话说尽、把事做绝；凡事给自己留个余地，才有转圜的空间，才能重新起步，再创新的局面。

【正文】

人生是一连串永无止境的学习，如何才能让自己不断进步？我有四点意见：

一、改心。人的心“一念三千”，时而天堂，时而地狱。我们的心，每天在天堂、地狱之间来回不定。如果我们希望自己永远活在天堂里，应该把不好的心改正过来，把自私心改成公德心，把邪恶心改成善良心，把嗔恨心改成慈悲心。唯有不断地改心，心好了，人才会好。

二、换性。换性，就是改变我们的性格。譬如把懒惰的性格，换成勤劳的性格；把迷糊的性格，换成精明的性格；把贪婪的性格，换成喜舍的性格；把傲慢的性格，换成谦虚的性格。我们能不断地改换性格，性格就会好。虽说“江山易改，本性难移”，其实只要我们有心，所谓“天下无难事，只怕有心人”，我们有心改变的话，还是可以把性格改好的。

三、回头。一个人如果不知道回头，这是很危险的。比方说，你迷失在金钱里，一心只为了赚钱，很可能因此道德沦丧，甚至逾越了法律的规范；有的人谈情说爱，却不合伦常，是一种不正当的爱情，如果不知悬崖勒马，及早回头，可能铸成大错。世人经常为了功名，为了事业，汲汲营营，不知道回头，因此误入歧途，而赔上一生的幸福，所以要懂得回头。

四、转身。也就是要给自己留一点空间，让自己有个转身的余地。有的人不懂得给自己一点转圜的空间，给自己留个后路，甚至因此走上绝路，所以我们要给自己留个转身的余地。

我们做人如果想要进步的话，应该时时提醒自己做到：

一、改心。

二、换性。

三、回头。

四、转身。

【思考】

1. 使自己进步的方法有哪些？

2. 你认同“江山易改，本性难移”这句话吗？为什么？

3. 性格来自习惯的养成，如何培养好的习惯？试举例说明。

4. 试述一则“改心、换性、回头或转身”的故事。

【延伸阅读】凡事感恩

- 知福福在，随缘缘来。

如何增加修养

要改言、改性、改心；要受教、受气、受苦；

要敢说、敢当、敢做；要思想、思考、思虑。

【提要】

过去父母将子女送到私塾就读时，不但要向至圣先师孔夫子礼拜，还要拜托老师严格管教；西方许多学校，凡新生进入校园，都要服从学长的指导、批评，此不外乎是要降伏新生的傲慢心，以养成坚忍的人格。时下不少年轻人好讲理，殊不知，理是实务、是现实、是忍耐、是受得了委屈。而修养是要身口意齐修的，尤其需要以智慧为导航。在生活中身做好事、口说好话、心存好念，就是增进人格修养的具体表现。

【正文】

一个人要增加修养，先要从“改”做起，从“受”做起，从自我要求做起。怎样“改”，怎样“受”呢？

一、要改言、改性、改心。语言是人与人之间沟通的桥梁，如果我们说话不得当，或是说话没有艺术，就不容易得到别人的好感。在性格上，如果习气很重，恶性不除，坏心不改，心里头的贪嗔、愚痴、邪见、忌妒、傲慢不改，就不容易在道德、修养上有所增长，所以，要不断地改，要改言、改性、改心，才会不断地进步。

二、要受教、受气、受苦。在人生的旅途上，为什么有的人能不断地进步，有的人则不进反退？原因是他不能接受。就像学生读书一样，有的人容易进步，因为他能接受；有的人不会进步，因为他一直在排拒。我们在学习的过程中要能受教，受教就是把东西吸收到我心中，然后消化成为自己的思想。

我们不但要受教，还要受气，一个人如果只能接受人家的赞美，是不能增加自己的力量的，还要能接受别人批评、指导，乃至伤害，能受气、受苦，才会有进步。

三、要敢说、敢当、敢做。有些人不敢表达自己，有意见不敢在大众面前发表，只在私下议论纷纷，遇事也不敢做、不敢承当。不敢担当，就不能负责，不能负责，就无法获得别人的信任。所以只要是善事、好事，我们就应该要敢说、敢做、敢当。

四、要思想、思考、思虑。无论什么事情都必须三思而后行，思想是智慧，凡事经过深思熟虑后再去做，必能事半功倍。

所以，我们要增加修养，应该要：

一、要改言、改性、改心。

二、要受教、受气、受苦。

三、要敢说、敢当、敢做。

四、要思想、思考、思虑。

【思考】

1. 文中提到要如何增加修养？

2. 为什么说受教、受气，能增加修养？

3. 日常生活中，要怎样做人才能获得别人的信任？

4. 如何自我训练思想、思考、思虑？

【延伸阅读】苦的根源

- 心存痴妄念，身负重担行。

如何广结善缘

用经济、语言、功德、教育、服务、身体、时间、空间、物资、技艺、欢喜结缘。

【提要】

人的活力，有时也会消减，就像马达动力不够，引擎发条松软，又像汽车没有油、树木没有水、皮球没有气，这时候善缘的助长就非常重要。例如，善友的一句好话、师长的一番开导、上司的一个提携、父母的一份关怀，都能增加活力；但是，善缘要靠自己平时广结人缘，有结缘，才有善缘。无论你以何种方式结缘，都要心存善念，一切要与善法相应；结缘事理要能与智慧相契合，凡事尊重对方，没有高低贵贱，一切平等对待，才能真正做到广结善缘。

【正文】

人与人之间，是靠着缘分在维持关系，所以，人际关系其实就是因缘法。俗话说："有缘千里来相会，无缘对面不相识。"人和人相遇时常说："我们有缘。"缘是要靠自己去培植，也就是要广结善缘。如何广结善缘呢？

一、用经济结缘。所谓经济结缘就是物质、金钱上的结缘，譬如我给你一根针、一条线，甚至一块面包，我就跟你结了缘。

二、用语言结缘。对人说一句好话，赞美别人，这种语言上的结缘，往往产生不可思议的效果，只是一句好话，却结下了生生世世不解的善因善缘。

三、用功德结缘。功德结缘就是做善事。譬如修桥、铺路，热心社会公益等，这就是功德结缘。

四、用教育结缘。我传授你技术，告诉你怎样做好人，如何做好事，就是教育结缘。尤其今日的社会，学校的青年学子吸食安非他命，实在是戕害身心，如果老师、家长，甚至朋友、同学，能劝诫他不要再吸食安非他命，引导他走向正途，日后他可能会对我们心存感激。

五、用服务结缘。帮你写字，帮你扫地，帮你洗衣服，为你服务，对自己而言，也许只是举手之劳，却和对方结了缘。

六、用身体结缘。比方说，我和对方合掌、微笑、点头，甚至劳动、工作，这都是身体结缘。

七、用时间结缘。有时候，我们抽出一小时、两小时，听听别人疏解心里的烦忧，给他一些安慰、鼓励，这也是结缘。每个人一天有二十四小时，一年有三百六十五天，一生有几十年岁月，花一些时间跟人结缘又有何妨？

八、用空间结缘。我把椅子让给你坐，把房子借给你住，这是空间结缘。古时有一位青年，为了跟邻居争一墙之地，千里迢迢写信请在朝为官的父亲帮忙，父亲很明理，回了一封信说："万里修书只为墙，让他三尺有何妨？长城万里今犹在，不见当年秦始皇。"能够留一点空间给人，就是结缘。有的人占用建地，不给建大楼，几年过去，就是不肯给人方便，这又何必呢？所谓地尽其利，我们应该把土地空间，做最有价值的运用。

九、用物资结缘。每年冬天，佛光山举办冬令赈济，以金钱、物品和贫苦人家结缘，这就是物资结缘，也是一种慈悲、欢喜的结缘。

十、用技艺结缘。技艺结缘是一种技能的传授，譬如我会打字、使用电脑、弹钢琴，我把要领、诀窍传授给你，这种技艺结缘，也是一种助缘。

十一、用欢喜结缘。世界上没有比欢喜更宝贵的东西，有时我们将再多的金钱、物资送给别人，别人未必很欢喜，不如给人一个笑容，给人几句赞美的话，用欢喜心结缘，不但不需要付出辛苦代价，并且有很大的收获。

所以世间上最宝贵的就是广结善缘？我们应该经常：

一、用经济结缘。

二、用语言结缘。

三、用功德结缘。

四、用教育结缘。

五、用服务结缘。

六、用身体结缘。

七、用时间结缘。

八、用空间结缘。

九、用物资结缘。

十、用技艺结缘。

十一、用欢喜结缘。

【思考】

1.“广结善缘”的方法有哪些？

2.日常生活中，你常用什么方式与人结缘？

3.社会上有哪些“广结善缘”的事。

4.试述阅读本文后的心得。

【延伸阅读】生命在呼吸间

- 寿不在长，智慧是根；
  自然自在，何愁死生。

第四章

如何不侵犯

不为讨便宜，而侵犯别人；不为逞己快，而讽刺别人；

不为忌彼好，而打击别人；不为护私欲，而伤害别人。

【提要】

《集一切福德三昧经》云：“宁舍身命，终不为恶，不为养身邪命自活，宁舍身命，不恼于他。”有些年轻人，经常随着自己的好恶，率性而为。甚至为了满足自己的私欲，恣意恼乱侵犯他人。所以，佛陀教导我们对于那些不合乎人伦道德，会侵犯到他人的事情，即使喜欢也不能去做；至于那些对人有所助益的，即使不喜欢，也应该要全力以赴。

【正文】

做人要厚道，要有爱心，要有慈悲心。什么叫作爱心和慈悲呢？能够不侵犯别人，便是最大的爱心与最大的慈悲。如何做到不侵犯？有下列四点：

一、不为讨便宜，而侵犯别人。不侵犯的意思，就是不要为了自己的利益，而去伤害别人。比方说，看到别人花园里盛开的花朵，我就随意摘几朵；别人放在桌上的纸、笔，顺手拿来就涂涂写写；

或是任意占用他人的位置，这些全是为己身的利益、方便而侵犯别人，这就是没有爱心、没有慈悲的侵犯。

二、不为逞己快，而讽刺别人。有的人为了逞自己一时之快，常常讥讽、嘲笑别人，这是很缺德的行为。俗语说“祸从口出，病从口入”，不要让自己的一时之快伤了人，让不经意的一句话，留下终身的憾恨，实在得不偿失。

三、不为忌彼好，而打击别人。中国人有见不得别人比自己好的忌妒心理，所以我们应该开阔心胸，不要看不得他人好而眼红，去打击别人。

四、不为护私欲，而伤害别人。如果只是为了满足个人的欲望，不惜伤害别人，这是不道德的行为。因此，具足爱心、慈悲心，最重要的是不要伤害他人，不要侵犯他人。

慈悲的表现，爱心的显露，是四种不侵犯：

一、不为讨便宜，而侵犯别人。

二、不为逞己快，而讽刺别人。

三、不为忌彼好，而打击别人。

四、不为护私欲，而伤害别人。

【思考】

1. 如何做到不侵犯别人？

2. 受到讥讽或嘲笑时，你怎么办？

3. 历史上，有哪个事件是因忌妒心而引起？

4. 从文章中，你学到了什么？

【延伸阅读】对人好

- 但愿身上无荆棘，绿叶婆娑好荫人。

快乐之道

不要把烦恼带到床上，不要把怨恨留到明天；

不要把爱心纵容邪恶，不要把慈悲施与非法。

【提要】

佛门常说“烦恼即菩提”，意思是说当烦恼敲门时，就是增长智慧最好的时机，因为你会想尽所有可以解决问题的方法。空想，躺在床上辗转反侧，问题并不会因此而得到解决，所以，不要把烦恼带到床上，等身心得到充足的休息之后，思想活络了，问题可能由此迎刃而解。

虽然佛门讲慈悲，对于非法之人或事，我们则不能纵容，佛陀教我们除了要有慈悲之外，更需要智慧，因为没有智慧的慈悲是属滥慈悲，能够“悲智双运”才是学佛之本，也才能找到快乐的泉源！

【正文】

追求快乐，是一般人生活中最重要的目标。一个人如果拥有财富、健康，乃至儿女成群、子孙满堂，却独缺快乐，生命将失去意义。所以拥有快乐，可以说是人生最美好的事情。如何拥有快乐？

一、不要把烦恼带到床上。任何人都有烦恼，但是千万不要把烦恼带到床上，因为这样徒使自己辗转反侧，彻夜难眠，并不能解决烦恼。白天纵有不满意的人事困扰，到了睡觉的时候，至少要把它放下，不要带到床上。上了床，就要好好地、安安静静地睡觉，睡眠充足，身体健康，快乐就会随之而来。

二、不要把怨恨留到明天。人和人之间，总会有一些芥蒂、不满意，但不要把今天的仇恨留到明天，甚至牢记在心，耿耿于怀。佛经上说出家人“无隔宿之仇”，也就是说不要留滞任何仇恨在心中。一个人如果心中充满仇恨，不但交不到好朋友，也感受不到人生的乐趣。

三、不要把爱心纵容邪恶。邪恶是不正当的，如果你用爱心去包容邪恶，那就铸成大错了。所以佛教强调要“悲智双运”，没有智慧，徒有爱心，往往反被邪恶利用，而招致不良的后果，此即不名为爱心，所以要用爱心去感化邪恶，而不是纵容邪恶，才不会带来痛苦的结果。

四、不要把慈悲施与非法。我们对人要慈悲，指的是对正当的人、正当的事情要慈悲。至于对非法的人、非法的事，则不能纵容，不能施与慈悲，否则就失去了慈悲的意义。慈悲要有智慧，要能分辨是非、好坏，才是真慈悲。

快乐之道有四点：

一、不要把烦恼带到床上。

二、不要把怨恨留到明天。

三、不要把爱心纵容邪恶。

四、不要把慈悲施与非法。

【思考】

1. 如何才能拥有快乐？

2. 为什么不要把烦恼带到床上？

3. 如何化解心中的怨恨？

4. 为什么说没有智慧，徒有爱心，往往反被邪恶利用？请举例说明。

5. 试着撰写一篇读后心得。

【延伸阅读】真心为贵

- 善无大小，心诚至要。

真正的富人

外财与内财俱有，知识与信仰同重；

接受与施舍并行，拥有与享有兼备。

【提要】

知识能开阔我们的视野、增加处事的能力，但是光有知识是不够的，还必须有信仰，为什么呢？因为信仰，能激发我们的善行，能美化我们的生活，对未来更充满美好的憧憬，所以信仰能让生活变得有意义，让人生充满生机。

真正的贫穷与富有并不是以财富多寡来衡量，懂得布施的人，表示内心富有，所以是真正富有的人。

【正文】

人人都希望自己是个富有的人，但富有并不一定是很有钱。有的人钱财很多，房屋田产很多，但是没有道德、智慧，这并不算是富有的人。怎么样才是真正富有的人呢？

一、外财与内财俱有。我们有心外的财富，也要有心内的财富。一个人纵使心外财富再多，但是金钱可以买到胭脂、花粉，可是买不到气质；金钱可以买到鱼肉，可是买不到食欲；金钱可以买到床铺，可是买不到睡眠；金钱可以买到书，可是买不到智慧；金钱可以买到酒肉朋友，可是买不到患难之交。所以外财不是绝对万能的，有了外财，还要有内财。心内的财富是什么呢？孔子的弟子颜回“一箪食，一瓢饮，人不堪其忧，回也不改其乐”。颜回之所以能居陋巷而活得很快乐，是因为他有心内的财富，所以我们要“内财与外财”兼具。

二、知识与信仰同重。知识是对现象、常理的了知、识别。有的人很有智慧，很有知识，但是没有信仰，终究还是缺少了一份内心的财富之源。所以我们应该知识与信仰同重，以开采自心本性的般若智慧。

三、接受与施舍并行。有的人只晓得接受，不懂得施舍。只是一味“接受”的人，表示自己贫穷，“施舍”才是富有。所以一个真正富有的人，应该是当接受的时候接受，当施舍的时候施舍；能给得起，也能受得起。

四、拥有与享有兼备。每个人都希望自己拥有房屋、田产等财富，能够如愿固然很好，如果不能自己拥有，至少可以享有。譬如自己家里没有庭院，但是我可以到公园去散步、晒太阳，一样可以享受清风明月。因此，不一定要样样都自己拥有，能够以享有代替拥有的人，才是真正富有的人。

所以，一个真正富有的人，应该是：

一、外财与内财俱有。

二、知识与信仰同重。

三、接受与施舍并行。

四、拥有与享有兼备。

【思考】

1. 如何成为真正富有的人？

2. 什么是“外财”？什么是“内财”？

3. 为什么“知识”与“信仰”同样重要？

4. “拥有”与“享有”有什么不同？

5. 文中哪一句话让你最为受益？为什么？

【延伸阅读】我是谁？

- 镜中的我，不是我；
  我是如何，问我心。

读书的利益

读书，能树立形象；读书，能变化气质；

读书，能认识自己；读书，能增广时空。

【提要】

颜之推曾说：“积财千万，无过读书。”读书到底有哪些益处呢？读书可以解惑，读书可以明理，读书可以致富，读书可以明白做人的道理，除此之外，读书还可以树立形象、变化气质、认识自己与增广时空。古人曾经说过：“腹有诗书气自华。”当一个人不读书时，会让人觉得面目可憎，自己也会感觉到言语乏味；台湾教育界知名人士曾志朗先生认为，读书可以活化人脑，提高思考能力，让人产生更多的好奇与创新，读书的利益，是无法道尽的。

【正文】

读书，不光是阅读书本，凡是读人、读事、读理、读社会，都是读书。读书，使人普受尊敬，受到尊崇；读书，也能获得人缘，给人欣赏。读书，并非呆板地死读书，而是融入人生，恰如其分地处理人与人之间的关系，并善用于一切生活之间。

以我的经验来说，读书，可以从文学书籍开始读起，也不一定用眼睛看，不一定用语言讲说，你可以用耳朵听，例如，听掌故、听历史、听好人好事。读书，要会听，产生好奇，心中自然向往趋之。读书的利益甚多，具体有下列四点：

一、读书，能树立形象。一般人依靠化妆来装扮自己，或以名牌来炫耀自己，做个名牌人。我则认为大家应学习做个读书人，以读书、写作来树立自己的品牌形象，重视人格的尊贵，超越富贵与名利。

二、读书，能变化气质。气质使一个人显得态度优雅，雍容华贵，读书则会改变一个人的气质，令一个人具足修养。李家同教授曾说："一个国家若不增加教育经费，将来经费就会用在监狱方面。"可见，教育能增加道德人格的尊严。借此推广读书，希望每一个人都能拥有书香人生，建立书香家庭、书香社会、书香中国、书香世界。

三、读书，能认识自己。人有两只眼睛，能看别人，却看不到自己。我们读书，因为书中有理，有婉转曲折的学问，读书能明心见性。也能认识自己，认识人生，认识你我他，认识世界。

四、读书，能增广时空。读书，能让人扩大自己的世界，增广时空。从读书中，可以知道上下古今数千年的历史、人类的进化，甚至让大家知道未来，使我们有限的生命得到延长，扩大我们的时空。古人常强调"立德、立功、立言"，也就是重视功德、言论与成就的寿命。读书，能使人们增加空间，所以，书中的世界，天宽地阔，无比宽广浩大。一本旅游杂志，带领我们遨游天下；一本天文地理书，让我们知道星际宇宙五大洲。

我坚持办设佛教学院，主要目的就是让大家来读书；集合百万人的心血来创办大学，也是号召大家多读书。读书，可增加自己寿命。我积极倡导读书会，因成就、心愿都是由读书而来。这四点读书的利益，值得我们身心投入。

一、读书，能树立形象。

二、读书，能变化气质。

三、读书，能认识自己。

四、读书，能增广时空。

【思考】

1. 读书的利益有哪些？
2. 你如何选择阅读的书籍？
3. 为什么读书可以认识自己、增广时空？
4. 请推荐一本好书，并简述书的内容。

【延伸阅读】人生真谛

- 名利钱财带不走，随伴同行自在心。

识人之道

用人要知人，教人要明理；

用人要公正，留人要上进。

【提要】

相信每个人都希望自己是一匹千里马，但是千里马也必须要有伯乐，才能发挥最大的功用，也才能用对地方。身为一名伯乐，首先要了解对方的理想和目标，这样才能朝着相同的方向迈进；教导的时候要明理，如果太过独断、专制，没有办法倾听属下的心声，就没有办法留住人才；并且要持有一颗公平、公正的心，才能让属下心服口服，愿意为您效劳；除此之外，还要教导部属，让他们也能够与时俱进，让他们知道未来是有希望的，并且要尊重、肯定、提拔后进，这才是识人之道，也是留人的方法。

【正文】

一般人常常感慨说："知音难寻。"其实，在这个社会上，只要我们能以诚待人，要想交一个相知相投的好朋友并不困难。尤其身为领导者，要想找个称职的工作人员，只要有伯乐的识人之道，必能得到千里马。什么是"识人之道"？

一、用人要知人。不管任何团体，大家一起共事，首先一定要有共识，否则理想不一，目标不一，大家貌合神离，事情是做不好的。所以用人之道，首先要知道他的目标，是否跟我们一致，唯有大家同心同德，才能向同一个理想迈进。

二、教人要明理。父母教育儿女、老师教育学生、长官教育部下，不能太专制，也不能太严苛，要紧的是要让他们明理，所谓“知其然并知其所以然”。父母师长只要能站在辅导的立场，多给他们一点自由发展的空间，彼此之间必能和谐相处，圆融无碍。

三、用人要公正。为人主管者，切忌偏袒不公。如果你用人的时候，心存不公，处事不正，部属感到你不公平、不公正，一旦让部属心生反感，就很难令其信服。所以用人的时候，不但要以身作则，而且要让他感到你是一个很公平、公正的人。

四、留人要上进。我们想要部属死心塌地地效忠于你，首先要让他感觉跟着你有前途、有未来，这样就会长久地跟随你。有些人工作并不是为了金钱，因为金钱的价值是有限的。有许多人纵使工作待遇很低，仍然心甘情愿地追随此人，因为除了金钱以外，还有感情、尊重，能够让部属感动、感恩，让他感觉有前途，这是留人的妙方。

所以，识人之道要：

一、用人要知人。

二、教人要明理。

三、用人要公正。

四、留人要上进。

【思考】

1. 什么是“识人之道”？

2. 用人不公正会引发什么结果？

3. 请分享一位值得大众学习的领导者。

4. 读完本文，你有何省思或启发？

【延伸阅读】正面思考

- 青莲不受污泥困，喜向明月吐芬芳。

人之本性

通身是眼，看不到；通身是耳，闻不及；

通身是口，说不着；通身是心，想不出。

【提要】

生活周遭有太多的诱惑，而我们的六根，总是喜欢攀逐美好、享乐，反而抛离了内心的清净，舍本逐末地不断追逐名和利，在五欲六尘里不断地轮回流转；所幸，我们的本性，正如《心经》所言，是不生不灭、不垢不净、不增不减的，虽然看不到，但也没有减少；虽然听不到，但依然存在；虽然说不着，但不着相；虽然想不出，但不分别，唯有在“转识成智”之时，才能慢慢体悟及明白，人之本性，原本圆通无碍、清净光明。

【正文】

每一个人都有自我的宝藏，那就是我们的真如佛性，也就是我们的真心本性。只是，这个真心往往被蒙蔽而不自知。世间的人每天追逐过眼云烟的功名利禄，虽然它不真实、不恒久，可是大家互相争夺掠取，对于真正实在的真如本性，反而不去探究，不想拥有，任由我们的真心在五趣里流转，在六道里轮回，多么可惜！尽管生死流转，幸而我们的本性是不生不灭、不增不减的。什么是我们的本性？我有四点看法：

一、通身是眼，看不到。这个真如本性，纵然是我们全身都长了眼睛，也找不到它；就像是电，你把电线剪开来，哪里找得到电？但是虽然看不到，却并不表示没有电，真如本性也是如此。

二、通身是耳，闻不及。纵然我们的全身都是耳朵，也听不到真如本性，因为它不是用声音可以听得到的。就如《金刚经》讲："若人以色见我，以音声求我，是人行邪道，不能见如来。"所以一个人的真如法身是看不到、听不到的。

三、通身是口，说不着。一张口，要叙述我们的真心佛性，也无法说出一个模样；就算通身是口，也说不着真面目。

四、通身是心，想不出。我们的本性真如不是凭想象，也不是从分别心就可揣摩的。唯识家讲"转识成智"，所谓的识，就是分别，用智慧的大圆镜一照，本来面目才能现前。因此，大家要能体悟自己的大圆镜智，这是很重要的。

所以人的本性，就是：

一、通身是眼，看不到。

二、通身是耳，闻不及。

三、通身是口，说不着。

四、通身是心，想不出。

【思考】

1. 什么是人之本性？

2. 为什么本性会被蒙蔽而不自知？

3. “通身是耳，闻不及”是在告诉我们什么？

4. 何谓“转识成智”？请举例说明。

5. 请分享阅读本文的心得。

【延伸阅读】勇攻

- 不畏风雷头上起，不怕荆棘满路途。

如何做一个正当的人

正当的行为，正当的语言；

正当地做人，正当地处世。

【提要】

小时候，师长经常勉励我们，要做一个堂堂正正的人，也就是说要做一个正正当当的人，那么，如何才是一个正当的人？有人说："存心光明正大，言论光明正大，行事光明正大，斯之谓君子。"做事光明磊落，凡是危及他人生命与自由的事绝对不做；说话时，千万不可以搬弄是非，要说正确、美好的语言；做人，要内外如一，行事正当，不可以阳奉阴违、奸同鬼蜮；与人相处时，要正当，不可以算计他人，不贪小便宜，亦不要小聪明，那么久而久之，自然就能获得好的评价与信任。

【正文】

人活在世间，如果被别人批评说："这个人不正派、不正当。"那真是很难为情的事。怎么样才能做个正当、正派的人呢？

一、正当的行为。做事要正大光明，胸襟要宽大磊落，不可以专做一些偷鸡摸狗的事，譬如窃盗、抢劫、绑票等不正当的行为。

所以要做个正当的人，先要从正当的行为着手。

二、正当的语言。五戒中的妄语、两舌、恶口、绮语等，都是不正当的语言，都会让我们成为不受欢迎的人。所以不要妄语，不要说谎，不要绮语，不要随便说一些不干不净的话。所有出之于口的语言，都要很正当。

三、正当地做人。我们做人，宁可正派而不足，不可邪恶而有余；宁可没有用，没有能力，也不要被人家批评说："这个人不正当！"所以做人要正正当当，要正派做人。

四、正当地处世。我们和人相处，要给人感觉我不会欺负他，我不会算计他，我不会随便伤害他。我的所作所为都是正正当当的，正当行事，才能给人安全感。所以我们交朋友，和人相处，先看他为人正当不正当，不一定选择地位有多高、财力有多雄厚，或是多么会说笑、多么聪明、多么干练等条件。有人聪明能干，但是行为不正当，这种人还是一无可取。所以我们跟人相处，要看对方是不是正正当当地做人，这很要紧！

如何做一个正正当当的人呢？要有：

一、正当的行为。

二、正当的语言。

三、正当地做人。

四、正当地处世。

【思考】

1. 如何做一个正当、正派的人？

2. 试述妄语、两舌、恶口、绮语有何不同。

3. 略述你择友的条件。

4. 叙述你心目中处世正当的人物形象。

5. 请撰写一篇读后感言。

【延伸阅读】我心自在

- 不愁窗外风和雨，自在本由己心生。

为学与做人

放下万缘，全部接受；

事事好奇，处处学习；

求精求全，瞻前顾后；

自己无理，别人都对；

眼光要远，脚步要近；

忍耐办事，委屈做人。

【提要】

从小我们就开始学习为学与做人，借由本文正可以检视自己，学习的时候，是否把妄想与杂念全部放下？是否全心全意接受老师或善知识的指导？看到事情，是否能生起好奇及学习的心？所读的书是否能够举一反三，懂得融会贯通、精益求精、瞻前顾后？做人是否能够心怀感恩惭愧，知道自己的不足与不能。受到委屈或逆境时，应常常反省自己有何过失，而不只是埋怨与批评，应学习普贤菩萨“礼敬诸佛”的精神，对任何人都要谦恭有礼。对于误解我们的人，不必急着去辩解，因为谣言止于智者；还有，不要被眼前的近利迷惑；办事时，应学习“安忍”，必能安住身心，耐烦为学与做人，这样，人生必能有所得！

【正文】

为学，是人一生的事业；做人，也是人一生的事业。所以如何为学与做人，是非常重要的课题，我有六点意见贡献：

一、放下万缘，全部接受。我们读书为学，先要放下妄想杂念，对于知识道理要能全部接受。在今天的社会上，为什么有的人很会读书，有的人不会读书，有的人升学考试总是落榜呢？原因常常是他在学校里没有专心听讲，没有接受的心量。没有接受，怎么能考试考得好呢？

二、事事好奇，处处学习。读书为学，所谓“开卷有益”；看到好书，听到知识道理，就要有好奇心，就想处处去学习、体验、证悟，能够好学不倦，才会进步。

三、求精求全，瞻前顾后。读书如果不求精深，不求周全，一知半解，凡事但凭自己的看法行事，是非常肤浅愚昧的。所以读书人要瞻前顾后，才能够精深邃密，才能融会贯通。

四、自己无理，别人都对。我们做人，要常常感觉自己无理，自己不对。比方说，我的语言说得不好，我的事情做得不对，我对人的尊敬礼貌不够。时时感到自己的欠缺，惭愧于自己的不足，才会勇猛精进，才会力争上游。

五、眼光要远，脚步要近。做人、做事、求学，都要放开眼光，但是也不要好高骛远，脚步要从近处开始，要脚踏实地。

六、忍耐办事，委屈做人。办事要忍耐，做人要委屈。所谓“耐烦做事好商量”，不管做人做事，只要能耐烦、忍耐、委曲求全，必能无事不办。

所以为学与做人，有六种方式：

一、放下万缘，全部接受。

二、事事好奇，处处学习。

三、求精求全，瞻前顾后。

四、自己无理，别人都对。

五、眼光要远，脚步要近。

六、忍耐办事，委屈做人。

【思考】

1. 试述本文大意。

2. 为何说“自己无理，别人都对”？

3. 你有“事事好奇，处处学习”的精神吗？为什么？

4. 为什么做事、求学“眼光要远，脚步要近”？

【延伸阅读】施受同福

- 得是福，施才是享福。

做人处世的态度

只从柔处不从刚，只想好处不想坏；

服务勤劳不后退，恭敬谦和满芬芳。

【提要】

《大方广十轮经》说："常说柔软语，远离于恶口，令众生欢悦，智者所爱敬。"说明无论做人或处世，应该随时保有一颗柔软善美的心，不要说人是非，也不要与人争长短；而且，要把别人所说的、做的，都能够往好处想，就能够有所收获；做事时，要肯发心服务，除此之外，还必须用一颗谦虚的心学习，才不会落得"满瓶不动，半瓶摇"的讥讽，若能处处恭敬、处处谦和，必能赢得大众的肯定与尊重！

【正文】

世间最难的是做人和处世。人活了数十载，往往做人不得其分，处世不得其法。尽管有很多的道理，告诉我们如何做人，怎样处世，若我们只知理论，不能起而行，也是徒劳无功。究竟如何做人处世呢？

一、只从柔处不从刚。世间的人，有的太过刚猛、执着与好强，所谓"好出头的椽子先烂坏"。我们口里的齿和舌，虽然齿硬舌软，最先蛀坏的却是牙齿，并非舌头；直到人死后，舌头才逐渐腐坏，可见柔软比较久长。《华严经》说：“常乐柔和忍辱法，安住慈悲喜舍中。”憨山大师也说：“红尘白浪两茫茫，忍辱柔和是妙方。”所以做人应该只从柔处不从刚。

二、只想好处不想坏。所谓“三界唯心，万法唯识”，你心好，想的事情皆是好；你心坏，想的都是如何算计人家的坏事。圣人看社会，大家皆圣人；坏人看众人，全部是坏人。所以，我们应该先把心健全起来。

三、服务勤劳不后退。青年守则上说“人生以服务为目的”。我们在社会上做事，要想让主管看重我们、肯定我们，首先要有勤劳的美德、服务的性格，遇事要积极主动，前进不后退，具足了一些基本的人生态度，不但能成就一番事业，必然也会到处受欢迎，成为一个得人缘的人。

四、恭敬谦和满芬芳。谦虚是中国人的美德，所谓“敬人者，人恒敬之”。我们只要能对人谦卑、恭敬，必能赢得别人的好感，“做人低姿态，做事高水准”，宇宙只有五尺高，而昂藏六尺之躯的人类生存其间，岂能不低头？所以做人本来就应该要谦虚，应该要受一点委屈，就像梅花，未经冬雪的熬炼，怎得梅花扑鼻香？所以做人要像梅花一般，“恭敬谦和满芬芳”。

对于做人处世应该：

一、只从柔处不从刚。

二、只想好处不想坏。

三、服务勤劳不后退。

四、恭敬谦和满芬芳。

【思考】

1. 试述“做人处世的态度”。

2. 为什么世间上最难的是做人处世？

3. 请分享你对“只从柔处不从刚”的人生体验。

4. 生活中，有哪些做人处世的方法值得我们学习？

【延伸阅读】知足常乐

- 知足常富，贪者永贫。

第五章

拥有全面的人生

有心外的知识，也要有心内的体验；

有接受的人生，也要有感恩的人生；

有自我的个性，也要有随众的个性；

有前面的世界，也要有后面的世界。

【提要】

追求全面的人生，是每个人所企盼的，如何才能拥有全面的人生呢？除了追求心外的知识与技能外，还必须拥有心内的实际体验，这样才能对人生有更深刻的体悟。除此之外，还必须有感恩及回馈的心。在大众中，除了要有自己的个性及思想外，更重要的是，要有随众的性格。《维摩经》说："佛道在众生中求！"没有大众，就难成大事，遇到困难时，必须懂得及时转身，才能拥有更宽广的世界。

【正文】

世间没有十全十美的事情，人生往往只能拥有一半，不能拥有全部。比方说，有的人很有钱，但是他没有健康；有的人拥有爱情，却没有金钱；有的人房屋田产很多，但是没有儿女；有的人有智慧、学问，可是找不到职业；所以说，人生由来多缺陷。

但是，在缺陷中，我们如何拥有全面的人生呢？

一、有心外的知识，也要有心内的体验。现在的人，往往只重视心外的知识，因此，尽管学了很多的技能，可是由于内心的体验不够，人生还是很浮面的，所以培养内心的体验很重要。

二、有接受的人生，也要有感恩的人生。每个人从小到大，父母养育我们，师长教育我们，社会供应我们，我们每天都在接受。我们要如何回馈父母、师长、社会大众呢？首先要懂得感恩，有了感恩心，就会发愤图强，做个有益社会大众的人，所以感恩心很重要。

三、有自我的个性，也要有随众的个性。人不能离群索居，因此，在团体生活中，在待人处世上，不但要有自己的原则，同时要能随众、随缘，如此才不会特异孤立。

四、有前面的世界，也要有后面的世界。有的人只知道前面的世界，只晓得向前迈进，却不知后面还有一个更宽广的世界。因此遇到困难不懂得转身，不懂得回头，经常在社会上撞得鼻青脸肿。有一首形容农夫插秧的偈语说：“手把青秧插满田，低头便见水中天；六根清净方为道，退步原来是向前。”懂得给自己留个退路，遇事才有转圜的空间，如果处处将自己限定，将永远走不出自设的死胡同。

所以，如何拥有全面的人生？

一、有心外的知识，也要有心内的体验。

二、有接受的人生，也要有感恩的人生。

三、有自我的个性，也要有随众的个性。

四、有前面的世界，也要有后面的世界。

【思考】

1. 如何拥有全面的人生？

2. 为什么说“人生由来多缺陷”？

3. 除了心外的知识，应如何培养内心的体验？

4. 我们该如何回馈父母、师长及社会大众呢？

【延伸阅读】观自在

- 无畏无愧，四季长青。

自由自在的人生

学习吃亏，人我互调；

当然如此，享有就好。

【提要】

美国大革命时，有人高喊“不自由，毋宁死”的口号，但是，在自由之前，必须先懂得如何尊重别人，才是真正自由的开始。若能“学习吃亏、人我互调、当然如此、享有就好”，就能拥有自由自在的人生，为什么呢？因为别人不想做的，你做了，自然就能从中汲取经验，以后就能减少过错；遇到麻烦时，彼此立场能够对调一下，或是换个角度思考，就能够解开绑住烦恼的枷锁；遇到不公平的事，能观其因缘，想当然耳，心就能自由自在；若有“享有就好”的心态，那么大千世界都是我们可以享受的资产，岂不比有限的财富更为富有！

【正文】

人生在世，短短数十寒暑，如何让自己活得自由自在，这是非常重要的。有的人有钱有势，有名有位，乃至儿孙满堂，但是却活得不自在，这样的人生没有幸福可言；人生要活得很自在，才会幸福。

观世音菩萨有一个名号叫“观自在”，因为她能观人自在、观事自在、观境自在。所以，我们要像观世音菩萨，时时观照自己，看看自己观人自在不自在，观事自在不自在，观境自在不自在；时时观照自己的心，看心自在不自在，能够一一观照以后，都觉得很自在，这就是幸福的人生。

如何才能活出自由自在的人生呢？我有四点意见贡献给大家：

一、学习吃亏。吃亏就是占便宜，现在的人什么都吃，就是不肯吃亏。一个人如果肯吃亏的话，别人必然乐于跟他在一起；如果处处都想占别人的便宜，即使再好的朋友也会远离，所以我们应该学习吃亏。

二、人我互调。有时我们遇到困难，心里起了烦恼，或是看那个人不顺眼，这时不妨把人我立场对调一下，想一想，如果我是他，如果他是我，立场互换，看法就不同了。所以人我互调，是自由自在的心法。

三、当然如此。假如你吃亏了、受苦了、受难了，要把它想成是当然的。事实上做事、做人本来就很难，又何必不平、不满呢？凡事想当然耳，就不会有怨怪别人的心；没有责怪、怨天尤人的心，这时就会自在了。

四、享有就好。在这个世间，我们不可能样样东西都拥有，但是我们可以“享有”。譬如，别人建造房子，我们可以在走廊避雨；别人买了电视机，也可以一起沾光观赏；公园是大众的，我散步就好了。如果能以“享有”代替“拥有”，就是世上最富有的人。

我们要如何才能过自由自在的人生呢？

一、学习吃亏。

二、人我互调。

三、当然如此。

四、享有就好。

【思考】

1. 如何活出自由自在的人生呢?

2. 为什么要学习吃亏?

3. 人我互调的目的何在?

4. 受苦受难时，应如何正向思考?

5. 请分享生活中，不能拥有却能享有的事物。

【延伸阅读】无怨无悔

- 有恕无怨，能舍不贪。

如何圆满人生

满口的好话，满手的好事；

满面的微笑，满心的欢喜。

【提要】

有一句话说："凡事往好处想的人，快乐满怀；因为好心自然想好事。"除此之外，满面的微笑，也是非常重要的，有人形容"微笑"是世界上最美的东西和色彩，可见"微笑"是圆满人生中不可或缺的。一个人若能"满口的好话""满手的好事""满面的笑容"，再加上"满心的欢喜"，人生必定能够圆满成功。因为"欢喜"是世间无价宝，一个人有了欢喜，就能欢喜做事，自然会把欢喜、快乐散播给更多的人，这就是最好的布施，是拥有圆满人生的无上功德。

【正文】

每逢过年期间，最常见到一般人家门口，贴着一副春联："天增岁月人增寿，春满乾坤福满门。""春满乾坤"跟我们有什么关系？我们要用什么来圆满自己呢？圆满人生的方法有四点：

一、满口的好话。人与人来往相处，必须靠语言来沟通，假如我们每天见到人都能满口的好话，经常把“你好”“你早”“谢谢你”“对不起”挂在嘴边，必能获得许多的友谊。就像我们到美国观光，看到美国人彼此见面，不管认识不认识，一见面就说“哈啰”“你好吗”，对方听了自然也很欢喜。所以，人与人之间，如果能够“相逢说好话”，必能和谐无纷争。

二、满手的好事。每个人天生有一双手，手是用来做什么的呢？手是给我们做好事用的。比方说，我是个读书人，我把书读好，把字写好；我是个音乐家，我把琴弹好；我是个画家，我把画画好；我是个家庭主妇，我把菜煮好；我是个公务员，我把事办好。能够做好本分的事而有益于大众，这就是好事，千万不要像强盗小偷，把手用来为非作歹，最后才来感叹自己“满手的血腥”，徒然后悔莫及。所以我们要满手好事，才能圆满人生。

三、满面的微笑。世界上最美的东西是什么呢？就是微笑。一个微笑，比什么色彩都要好看，如果人和人见面，都能脸带微笑，这个世界必然多彩多姿，必能令人时时沐浴在春风里。

四、满心的欢喜。世间最宝贵的，不是金钱，不是名位，而是满心的欢喜。不仅自己内心有无限的欢喜，还能把欢喜散播给别人，能够让欢喜布满人间，这才是最圆满的人生。

所以，如何圆满人生呢？

一、满口的好话。

二、满手的好事。

三、满面的微笑。

四、满心的欢喜。

【思考】

1. 实践圆满人生的方法有哪四点？

2. 请写出十句好话。

3. 你认为世上最美的东西是什么？

4. 请分享一则让你印象最深刻的好人好事。

【延伸阅读】施者为富

- 守财有如云盖日，布施云开太阳来。

怎样充实人生

生活佛法化，信仰正觉化；

处世平和化，修持日常化。

【提要】

有人用金钱、名声、享乐、爱情来丰实人生，也有人用知识、道德、信仰、理念来丰富人生。本文告诉我们，若能将慈悲、忍耐、惜福、结缘用在人我的生活中，就是将生活佛法化；关于信仰，应该以正知、正见来思考，并且选择正派、正当的宗教，才能趋向觉悟的道路；一个人若能以一颗平等、和气的心，来看待周遭的人和事物，无论对待知己或冤家都能共和，这就是人类最崇高的理想了；在修持方面，应持之以恒，把家庭、职场当作是修行的道场，每天不间断，就是一种精进，如此，就能拥有一个丰实的人生！

【正文】

有人说，时间是最公平的，不管贤愚不肖，每个人的一天都是二十四小时。但是同样的时间，为什么有的人日子过得很充实，有的人却浑浑噩噩地虚度一生呢？这当中就在于懂不懂得自我充实。如何自我充实？

一、生活佛法化。一般人的生活里无非是金钱、感情，每天都在人我是非、衣食住行里翻滚。生活佛法化就是除了金钱、爱情以外，在生活里还要增加一些慈悲、结缘、惜福的观念，甚至于明理、忍辱的佛法。所以在生活里有了佛法，懂得慈悲、忍耐、惜福、结缘，比拥有金钱、爱情更为充实。

二、信仰正觉化。人都有信仰，信仰正义、圣贤、宗教，但信仰最要紧的是要正觉化。所谓正觉，就是要有正知、正见、正思，也就是我们的知识要正当，见解要正当，思想要正当，信仰要正当，甚至我们的职业、所作所为和言行都要正当，所以对自己的信仰要正觉化。

三、处世平和化。做人处世是一门大学问，尤其在这门学问中，最重要的是做人处世要和平。所以有首偈语说："红尘白浪两茫茫，忍辱柔和是妙方，到处随缘延岁月，终身安分度时光。"尤其是在处世方面，对别人要尊敬，对自己要严格。所谓"宽以待人，严以律己"，我们希望别人怎样待我们，就要先怎样待人。

四、修持日常化。人总要有一点端正身心的修持，而且要能持之以恒，要恒常发心，并且要日常化，所谓平常心是道。在平常的生活里，自己要有所作为，要有恒心毅力，这样子就能充实人生。

如何充实我们的人生?

一、生活佛法化。

二、信仰正觉化。

三、处世平和化。

四、修持日常化。

【思考】

1. 如何自我充实？

2. 试举例说明如何使生活佛法化？

3. 何谓信仰正觉化？

4. 你对“忍辱”有何体会？

5. 为什么说“平常心是道”？

【延伸阅读】生命真义

- 世人皆求长寿，长寿为了什么；
  生命意义何在，知道的人几多？

富有的人生

以舍为有，以忙为乐；

以勤为富，以忍为力。

【提要】

人人希望拥有富有的人生，但并不是大家都能如愿以偿，因为有些人误以为物质上的享受就是富有，其实那种富有并不究竟，只不过满足一时感官之乐罢了。精神上的空虚，是物质无法填补的；真正的富有，是超越物质享受，建立在正确的人生观和价值观之上。例如，懂得给人信心，给人欢喜，给人希望，给人方便，广结善缘，才是富有。要为充实自己或为服务他人而忙，因为忙碌会令人乐以忘忧。勤劳是致富的不二法门，只贪求安逸享受则会坐吃山空。更要效法佛陀“难忍能忍，难行能行”的精神，发挥坚忍的力量，最后必能享受苦尽甘来的喜悦。

【正文】

大家都有一个共同的心理，即希望生活富有安乐。富有是人人一致的希望，但是实际上，并不是人人都能享有富有快乐的人生。我们如何才会富有？我这里提供以下四点意见：

一、以舍为有。有的人整天妄想、贪求，这样的人生不会快乐；相反地，懂得喜舍的人生，快乐无穷。“舍”并不是完全给人，而是一种结缘。例如，我专心听你讲话，就是与你结缘；帮你做一件事情，给你一些助力，给你一个微笑，给你一个注目礼，都是结缘。所以，表面上看起来是在给人，其实是在播种福田。能够舍的人表示自己很富有，因为内心有感恩、有满足，才肯舍，才肯给人。心中有好话，才能说好话；心中有微笑，脸上才有笑容，所以“以舍为有”，才会快乐。

二、以忙为乐。一般人喜欢偷闲，其实偷闲是苦，忙才会快乐。常有人问我：这么多年不见了，您怎么一点也没有老呢？我回答：我很忙，没有时间老啊！因为忙得很快乐，忙得乐以忘忧，所以不知老之将至也。

三、以勤为富。一般人都希望自己发财，其实只要肯勤劳，就是一种财富；不勤劳，即使拥有万贯家财，也会坐吃山空，所以要以勤为富。

四、以忍为力。佛祖之所以是佛祖，是因为他“难忍能忍，难行能行”。所谓“三祇修福慧，百劫修相好”，一个人能够忍，就有力量。所以我们要能忍苦、忍难、忍饥、忍饿、忍早、忍晚，要“以忍为力”，一忍万事成。

富有的人生是可以寻获的，只要我们懂得：

一、以舍为有。

二、以忙为乐。

三、以勤为富。

四、以忍为力。

【思考】

1. 如何拥有富有的人生？
2. 何谓“以舍为有”？请举例说明。
3. 试述一则“以勤致富”的故事。
4. 为什么说能忍，就有力量？
5. 阅读本文后，你有何启发？

【延伸阅读】信者为力

- 弱由畏起，力由信生。

在大众中相处

见面三句话，相逢应问好；

交谈要微笑，口角一回合。

【提要】

人不能离群索居，在日常生活中，人际互动非常频繁，因此说话的艺术，更是现代人必修的功课，每天见面至少要说三句好话，人我之间才不会疏远；朋友相逢，应彼此问好，表达关切，给人欢喜；谈话时，要面带微笑，给人亲切与温暖；偶尔彼此意见不合，有所争论，也应尽快沟通化解，不要破坏彼此的和谐。以上看似平常，却是在大众中相处的润滑剂；若能将本文所提供的四句偈落实于生活中，必能和合无诤。

【正文】

常听人说："做人难！人难做！难做人！"在社会上和大众相处，要不失礼貌，不失风度；在大众面前要能让人欣赏，让人赞美，让人接受，的确是一门很深奥的学问。

如何在大众里相处？我有四句偈给各位参考：

一、见面三句话。人与人之间常常见面，见了面要有话说，彼此才不会生疏。譬如每天早上起来和父母、兄弟姊妹、眷属、儿女见面，出门到了公司，和长官、同事、部属见面，都应该要有三句话，不要面无表情，一句话也不说，就离开了。现在，我们的民生富饶，生活水准提高，更要有高水准的相处之道，所以今天我们提倡人和人见面，要有三句好话。

二、相逢应问好。有时候好朋友几天不见，几个月不见，现在相逢了，都应该要寒暄问好。“近来好吗？”“近来忙吗？”“近来在哪里得意呢？”虽然只是只言片语，别人听起来也觉得很欢喜。

三、交谈要微笑。和他人谈话的时候，一定要面带笑容，而且态度要亲切，让人有如沐春风的感觉。

四、口角一回合。人与人之间，难免会有意见相左的时候，如发生口角、争论之时，切记最多“一回合”。不要老是辩论，争吵不休，不要让争吵破坏了彼此和谐的关系。

因此，在大众中相处，要注意：

一、见面三句话。

二、相逢应问好。

三、交谈要微笑。

四、口角一回合。

【思考】

1. 如何在大众中相处？
2. 与人见面时，你最常说哪三句话？
3. 为什么口角只要一回合？
4. 请撰写一篇读后心得。

【延伸阅读】团结力量大

- 孤掌难鸣，独弦无声；
  双掌配合，你和我应。

养心

以和平愿力来养心，以般若福慧来养心；

以菩提禅净来养心，以空无包容来养心。

【提要】

现代人注重养身，却忽略了养心，其实养心比养身重要。那么要如何养心？首先，要以和平的心，对待一切人和事物，做到无缘大慈，同体大悲。其次，要有般若智慧，经典有云：“五度如盲，般若为导。”可见般若智慧是多么重要。还要多修学禅定及念佛法门，来调伏杂染妄想的心。更要培养广大的包容心，如大海之纳百川，包容万物，容纳异己，才能做好养心的功夫。当心理健全，无形中能促进身体的健康。

【正文】

我们经常劝别人要保重身体，却很少想到要保养心理。实际上养心比养身更重要，因为心理的建设、心理的健全，能增加身体的健康，所以如何养心呢？我有四点意见：

一、以和平愿力来养心。我们的心里，要有和平的观念，要有悲心愿力。因为我们的心就像工厂，你有和平、愿力，自能用和平的心，用愿力的心去造福别人。

二、以般若福慧来养心。如果我们的心里没有般若智慧，没有福德善念，就像一个工厂没有资源，没有原料，就不能生产好的产品。假如我们的心中充满“般若的泉水”“智慧的泉水”，就能涓涓流出智慧和福报。

三、以菩提禅净来养心。人有时候有妄想，有烦恼，有是非，有差别，所以要有菩提正觉，要用禅定来养心，要用念佛的清净来养心。就如一缸浑浊的水，把明矾放进去就清净了。对于我们妄念杂染的心，要用正念去清净，用菩提去清净，用念佛去清净，我们的心自然就清净了。

四、以空无包容来养心。有时候我们的心量狭小，不能容物，假如心胸像虚空宇宙，就能包容世界万有。所谓“宰相肚里能撑船”，我们要能容纳异己的存在，这样心胸才会宽广。

所以，如何养心？

一、以和平愿力来养心。

二、以般若福慧来养心。

三、以菩提禅净来养心。

四、以空无包容来养心。

【思考】

1. 如何养心？

2. 为什么养心比养身重要？

3. 如何以般若福慧养心？

4. 当烦恼、妄想、是非来的时候，你如何守护自己的心？

5. 叙述一则能容纳异己的社会事件。

【延伸阅读】不动心

- 世事变幻多，皆因心不静；
  心如水中月，不动自澄明。

耐　力

身体受劳累要能不苦，感情受挫折要能不忧；

能力受挑战要能不懈，尊严受羞辱要能不怒。

【提要】

人生就像一场马拉松赛跑，谁的性能好、耐力强，谁就是最后的胜利者。所以，如何培养耐力，就成了人生一门重要的课题。当身心劳累时，在心理上要自我训练，不觉得苦，久而久之，就能担负重任；感情受挫时，要以“不要紧、不计较”的心态来化解；当能力受挑战时，要更精进不懈，就能开发新的能量；当尊严受到伤害时，更要忍耐，不要意气用事，要争气而非生气，争未来而非争眼前，若能禁得起种种的磨炼，相信人生的境界必定大不同。

【正文】

“耐”是持久，是承受，是一种力量。你看，飞鸽传书需要耐力，跑马远行需要耐力，甚至骆驼横越沙漠，都需要耐力。“耐”也是禁得起，你看，衣服要能耐穿，工具要能耐用，甚至一朵花、一幅画、一个人也要让人耐看。无论做什么事，你要有耐劳、耐烦的精神，才能为人所接受。日本禅师丹羽廉芳曾说：“人生像马拉松赛跑，谁有耐力，谁就可以获胜！”如何才能培养“耐力”呢？有四点看法：

一、身体受劳累要能不苦。一个人的身体，有时候因为工作繁多，难免会感到劳累。但是，体力上的疲劳容易消除，重要的是，在心理上要自我训练不感觉到苦。这就好比平常走路，走习惯了，自然能走得远、走得久；你挑担，挑久了，当然就能担当重负。因此我们要训练自己，在劳累当中，能够不觉得苦，那才是重要的。

二、感情受挫折要能不忧。我们做人处世，在感情上，经常觉得受到挫折。比方，别人的一句闲话，伤害到我；别人的一个动作，侵犯到我；别人的一点小事，让我受到损失；甚至在家里，父母与子女、夫妻之间、婆媳妯娌往来，在感情上难免会有高低起伏等。当受到挫折的时候，要能不忧恼，如果你觉得“不要紧、不计较、没有关系”，你能化解、处理，就表示你能担当、你有力量。

三、能力受挑战要能不懈。一个人能接受多少挑战，就表示他有多大的能力。比方，在工厂、公司、单位里，你能做到哪一种职位？你担任主管，能做哪一级的主管？甚至在社会机关里，你能负责哪一种职务？这都是表示你的能力有多少。人生就像阶梯，又如登山，能够接受一级一级的挑战，而不觉得工作太多、太烦，就表示你有能力。其实，每一个人内心都有无尽的能源，只要自己精进不懈，就能开发出来。

四、尊严受羞辱要能不怒。一般人受贫、受穷、受苦都还容易忍耐，如果尊严受到伤害，大概就无法忍受了。古人说“士可杀，不可辱”，有的人不惜生命，也要保持人格的尊严。其实，一个人是否成功，就看他承受挫折、难堪、侮辱的耐力有多少。当我们的尊严受到伤害的时候，要能“争气”，而不“生气”，人生的境界必定不一样。因为有远见的人，不争眼前，而是争未来；有作为的人不争一时，而是争万世千秋。

耐烦加上恒心，就会成为耐力。有耐力，读书才会通晓，做人才能通达，修行才有成就。世界上任何事业的成功，“耐力”是必备的条件。能禁得起磨炼，在耐力中与自己赛跑，在耐力中，就会发掘自己的力量。

所以，培养“耐力”之道有四点：

一、身体受劳累要能不苦。

二、感情受挫折要能不忧。

三、能力受挑战要能不懈。

四、尊严受羞辱要能不怒。

【思考】

1. 如何培养耐力？

2. 试述“耐力”对我们的重要性。

3. 感情受挫时，要如何化解、处理？试举例说明。

4. 请分享一则尊严受羞辱而不愠怒的故事。

【延伸阅读】体谅关怀

- 体谅关怀与尊重，人间处处见和谐。

第六章

积极的人生

求人不如求己，动口不如动手；

妒他不如学他，认命不如改命。

【提要】

积极进取的人生态度，可以创造自己的命运，那么，我们要有什么想法呢？首先，要有“凡事靠自己”的信念，因为获得别人的帮助，是可遇而不可求的，把自己装备好，自然不需求人。而且，说到要做到，因为说得天花乱坠，没有实际行动，还是会落得一场空。对于别人的成就，有许多人往往因妒忌而五味杂陈，甚至做出一些害人害己的愚蠢行为。这时不如换个想法，把对方当作学习的对象，给予赞叹和肯定，给人信心的同时自己也多了良师益友，何乐而不为呢？另外，有人总以为命运是天定的，就随波逐流，其实，只要愿意努力，前途就在我们自己手中。

【正文】

人，要建立积极进取的人生观，凡事要往好处想、往积极方面去做；能够化消极为积极，化被动为主动，才能建立乐观进取的人生。有关“积极的人生”，有以下四点应该注意：

第一，求人不如求已。俗语说："登天难，求人更难。"因为求人难如登天。有个故事说，有人问一位法师："我们拿念珠念佛，为什么观世音菩萨也拿念珠，她到底念什么呢？"法师回答："念观世音啊！"他进一步问："为什么观世音菩萨，还要念观世音呢？"法师告诉他："求人不如求已呀！"人要自我健全；自己健全了，凡事难不倒自己，自然就无须求人了。

第二，动口不如动手。修行人"说道一丈，不如行道一尺"；练功的人"光说不练"，功夫不能长进。父母教导儿女，"身教重于言教"；一个人如果经常"只说不做"，别人不会服气。有人说："德国人只做不说，日本人边说边做，中国人只说不做。"我们应该把这种习惯改一改，宁可多做少说，所谓"双手万能"，凡事要动手去做，才能创造我们的事业，才能开创我们的前途，所以"动口不如动手"，做比说重要。

第三，妒他不如学他。人有一种劣根性，常常见不得别人好，所以对于比自己漂亮、比自己有学识、比自己有能力，甚至看到别人升官发财，就忌妒他、打击他、妨碍他，如此不仅损人又不利已，何苦来哉？何不转个念头，把他当成善知识，虚心向他学习，不但于人无损，而且于己有益，岂不美哉？

第四，认命不如改命。有的人自认天生命运多舛，相信命运是前世注定；既然天生命不好，何不干脆认命？如此宿命论者，对自己的未来不抱希望，这是不对的。人的命运，其实是掌握在自己手中，自己的前途要靠自己创造；命运既非前世注定，也非神明、上帝所能掌控，只要自己努力奋斗，必能改变命运。所以人不要认命，应该奋发向上，为自己的前途创造出一番事业来，如此必能改变自己的命运。

世界上最大的力量是“心力”，心的力量，奇大无比；人的意志，往往可以决定自己的前途。

所以，吾人应该建立积极的人生观，有四点意见：

一、求人不如求己。

二、动口不如动手。

三、妒他不如学他。

四、认命不如改命。

【思考】

1. 何谓“积极的人生”？

2. 试述一则“求人不如求己”的亲身经历。

3. 在人生旅途中，谁曾经是你的善知识？

4. 略述你对“命运”的看法。

【延伸阅读】能舍能得

- 贪吝徒增束缚恼，放下才得自由身。

处事禅心

横逆来时，要能不怨不尤；

病苦来时，要能不惊不怖；

讥谤来时，要能不辩不苦；

荣宠来时，要能不骄不慢。

【提要】

人生的境遇起伏不定，顺逆无法预期，人事的纷扰，让人不知所措，这时，若能将自己的“心”看顾好，就能清净自在。逆境时，明白一切因果，自我检讨，就不会怪罪别人；病苦时，提起正念，坦然面对，心境自能保持平顺；遭恶意讥讽毁谤时，不必急着辩解或自苦，只要言行正直，就能不受动摇；遇到荣誉和尊宠时，不可骄傲怠慢，应更加谦虚。

【正文】

有人的地方就有事，有事必然有是非，是非虽然起于人我，但只要我们懂得照顾好自己的心，就不会被是非困扰，所以处事要有禅心，要懂得以有限的生命，来追求无限的永恒，不要在小小的人我是非上计较，浪费了大好的人生。处事的禅心，有四点：

第一，横逆来时，要能不怨不尤。人生的际遇，难保一生都是一帆风顺。当遭逢逆境的时候，我们怎么办？要不怨不尤，所谓："明白因果，就不怨天；了解自己，就不尤人。"但是，有一些人只要稍有不如意的事，就上怨天、下怨地，内怨父母眷属、外怨朋友师长。怨天尤人，显示自己脆弱无能，所以一个有修养、有能力的人，遇到横逆的困境时，绝不怨天尤人，怨天尤人只会更加坏事。

第二，病苦来时，要能不惊不怖。人吃五谷杂粮长大，生病是难免的。但是，一般人都害怕生病，所谓"英雄只怕病来磨"，佛教讲"修行人要带三分病"，有时身体上有小小的病痛，反而能增长道心，成为学佛的增上缘，重要的是心理要健康。所以当病苦来时，要能正见身体是四大五蕴和合而有，能够如《般若心经》所说，"照见五蕴皆空"，自能度一切苦厄，自能不惊不怖，自能远离颠倒梦想，自能解脱自在。

第三，讥谤来时，要能不辩不苦。俗云"不遭人忌是庸才"，在娑婆世界里，大凡有所作为的人，难免都会遭到讥讽毁谤，即使佛陀也曾受到提婆达多的迫害，耶稣也曾被弟子出卖。所以当我们被人诋毁、中伤的时候，要紧的是不辩解、不为所苦。所谓"是非止于智者"，只要自己行得正、站得直，不管别人如何嘲讽讥谤，只要你是智者，必能不为所动。

第四，荣宠来时，要能不骄不慢。人生最大的失败是骄慢，骄慢必生祸。因此，当一个人受到极度荣宠的时候，千万不可恃宠而骄。因为世间事往往祸福相倚，当成功时也可能暗藏失败的阴影，因此不但要"胜而不骄"，而且要"遇荣宠事，置之以让"。懂得"宠甚而思以慎，则位自固"。所以做人要懂得虚怀，要如大地之谦卑，才能承载万物，才能成就万事。

每个人内心都有一样比黄金钻石更宝贵的东西，那就是人人本具的佛性。佛性，用比较浅显易懂的字眼表达，就是“禅心”；用禅心安顿顺逆境界，自能时时自在。

关于处事的禅心，有四点：

一、横逆来时，要能不怨不尤。

二、病苦来时，要能不惊不怖。

三、讥谤来时，要能不辩不苦。

四、荣宠来时，要能不骄不慢。

【思考】

1. 处事的禅心有哪四点？

2. 逆境来时，应如何思考？

3. 为什么修行人要带三分病？

4. 试述一则佛陀遭受提婆达多迫害的故事。

5. 文中让你印象最深刻的是哪一句话？为什么？

【延伸阅读】诚信第一

- 信而不诚不是信，心诚才得喜乐心。

高尚的人品

勿因穷苦而变节，勿因贫贱而易志；

勿因艰苦而放弃，勿因困难而回头。

【提要】

人品是开展个人生命价值的关键，本文告诉我们，有品重于有学，有格重于有钱，所以做人要有品格。一个人要有“高尚的人品”，首先，在穷苦的时候，还能坚守自己的本分；在不得志的时候，还能不忘初心；在艰苦的时候，能够坚持到底，永不放弃；在困难的时候，能够勇往直前，不会退却，能在风雨中生信心，在寒冷的时刻，能如梅花依然吐露芬芳。因为一个人的成功绝非偶然，必须经过不断的尝试与奋斗，才能冶炼出高尚的人品。

【正文】

“人到无求品自高”，一个人是否被人看重，不在于他的学问高低、能力大小，不在于他有钱没有钱、有地位没有地位，而在于他的人品如何。所以，一个人有品重于有学，有格重于有钱，高尚的人品，是一个人无形的资产。至于如何涵养“高尚的人品”，有四点意见：

第一，勿因穷苦而变节。人，不能因为一时的贫穷、一时的苦难，就变了气节。例如，出家当和尚，不能因为很穷、很苦，就退失道心去还俗。又如一个女人，不能因为一时的贫穷而卖身，这是自甘堕落，是没有骨气。所谓“秀才饿死不卖书，壮士饿死不卖剑”，所以做人不可以因为一时的穷苦而变节，一定要为自己的身份、节操而坚持。

第二，勿因贫贱而易志。人，不要因为一时的时运不济、穷困潦倒，就丧失了自己的志气。例如，我本来是个正人君子，因为一时的贫穷便与人同流合污，作奸犯科；本来我想做一个大善人，乐善好施，现在贫穷了，我就不再布施了。其实，一个人没有钱，没有力量，至少有个心吧！我什么都没有，至少有一个口吧！我可以存善心，讲好话来布施，千万不能因贫贱而易志。能够面对贫贱而不动，则能淡泊明志；反之，恬不知耻，必然贫贱卑微。所以，一个人宁可守道贫贱而死，不可无道富贵而生。能够处贫贱而志不屈，更能受人尊敬。

第三，勿因艰苦而放弃。生活艰难时，要面对它，不能因为一时的艰难困苦，就放弃自己的责任，放弃自己的理想。现在社会上有一些青年朋友，在学校读书的时候，发愤立志，对前途满怀憧憬、理想，可惜一踏入社会，只要稍微遇到一点困难，他就退缩不前，就要放弃理想，这就是意志不坚。一个人要有意志，有意志才能禁得起艰难考验。

第四，勿因困难而回头。做人，哪一个人没有困难？困难的时候，要能冷静分析，突破执着；有突破困难的决心，才能获得良机。古来多少英雄豪杰、帝王将相，他们成功，无不是从重重困难中，坚定信念，奋斗到底，终脱颖而出。所以，能够克服困难，便能获得良机；能够解决困难，便能化解危机；能够面对困难，便能寻求转机；能够不怕困难，便能把握时机。如果因困难就轻易回头，终难成器。

语云："长安不是一天造成的，罗马也不是一天成就的。"一个人能够不断地努力，不断地奋斗，不断地牺牲奉献，能够从艰难困苦、失败挫折中奋发有为，更为人所敬重。

所以，"高尚的人品"之养成，有四点：

一、勿因穷苦而变节。

二、勿因贫贱而易志。

三、勿因艰苦而放弃。

四、勿因困难而回头。

【思考】

1. 如何培养高尚的人品？
2. 历史上有哪些不因贫穷而变节的人物？
3. 叙述一则将危机化为转机的个例。
4. 阅读本文后，你有哪些启发？

【延伸阅读】平常心

- 天雨无日晒，晴天光遍地；
  但得平常心，两者皆欢喜。

生命的动力

在嗔恨处，散播慈悲的种子；在仇怨处，施与宽恕的谅解。

在怀疑处，培养信心的力量；在黑暗处，点燃智慧的火花。

在失意时，提出明天的希望；在忧伤时，赠予喜悦的安慰。

【提要】

人们除了要用饮食来滋养身体，更需要的是精神的粮食，才能具备人生不断迈进的动力。当他人愤恨不平时，试着用“爱”与“慈悲”来化解；当别人有仇怨时，我们要给予谅解；不管自己怀疑别人，或是别人怀疑我们，都要培养自信，并给予别人充分的信心。和别人产生误会或嫌隙时，须懂得用智慧化解，千万不能意气用事；如果有人一时失意，要为他加油打气，给人希望；看到他人愁苦忧虑，能及时伸出援手，给予快乐，必能获得友谊和信任。如此一来，必能发挥生命的动力。

【正文】

牛马吃草，就有力量负重远行；人除了三餐饮食之外，还需要不断地补充精神食粮，才有动力向人生的前途迈进。生命的动力，有六点意见提供参考：

第一，在嗔恨处，散播慈悲的种子。嗔恨、对立是人我的高山，也是自我的障碍。当别人把我视为仇敌，当我是冤家，越是对我不好，越是心中嗔恨我、仇视我，我越要悲悯他，越需要播下慈悲的种子。慈悲才能化解嗔恨，千万不能火上加油，仇恨又添仇恨，冤冤相报何时了？再说，学佛的人没有敌人，最大的敌人是自己，如果心中真有敌人，那么用心去爱自己的敌人，是让一个人进步的最大动力。

第二，在仇怨处，施与宽恕的谅解。人生最大的美德是宽恕，不能宽恕他人，便无法获得别人的宽恕。当有人怨恨我，跟我产生敌对的时候，要布施宽恕与谅解，不要太计较，不要太执着，尤其，不能让仇恨一直在心里发酵，否则最终受害的是自己，所以要用宽恕化解仇怨。

第三，在怀疑处，培养信心的力量。“疑心生暗鬼”，自己有怀疑时，要培养自我的信心；别人怀疑我时，也要给别人足够的信心。有信心，就会有力量，信心可以帮助我们解决问题。

第四，在黑暗处，点燃智慧的火花。“千年暗室，一灯即明。”灯代表智慧，一个人再怎么愚痴，只要能开发智慧，就如灯明暗去。所以当我们在人际关系上出现裂痕误会，或自我情绪低落无明时，要点燃智慧的火花来化解问题，不可以意气用事。

第五，在失意时，提出明天的希望。有人灰心、失意了，我们要鼓励他、安慰他，让他对未来充满希望，让他相信明天会更好，以后会更有前途。让别人对未来充满希望，这是无上的布施。

第六，在忧伤时，赠予喜悦的安慰。当别人心情忧伤苦闷时，你能及时为他分忧解劳，并且给他一点喜悦，必能得到对方的信任与友谊。

人，要懂得改心换性，改心性、革陋习是自我进步的动力。其他如“自学”是成功的动力，“信心”是到达目标的动力，“慈悲”是家庭幸福美满的动力，“无我”是宇宙中最伟大的和平动力。此外，人际相处时，也可以运用我们的慈悲、智慧、宽容、信心，去帮助别人发挥生命的动力。

所以，“生命的动力”有六点：

一、在嗔恨处，散播慈悲的种子。

二、在仇怨处，施与宽恕的谅解。

三、在怀疑处，培养信心的力量。

四、在黑暗处，点燃智慧的火花。

五、在失意时，提出明天的希望。

六、在忧伤时，赠予喜悦的安慰。

【思考】

1. 充实生命动力的精神粮食有哪些？

2. 试述嗔恨对人的影响。

3. 如何化解嗔恨之心？

4. 谁曾帮助你走出灰心、失意的心情？

5. 如何帮助别人发挥生命的动力？试举例说明。

【延伸阅读】中道

- 近朱者赤，近墨者黑；
  若不自检，白不可得。

处世四戒

傲者恶之魁，故为人勿傲；诈者德之贼，故处世勿诈；

谄者行之丑，故接物勿谄；虚者言之浮，故言谈勿虚。

【提要】

做人处世如能守本分，注重品德修养，自然可以受到他人的尊重。那么哪些是我们必须引以为戒的呢？傲慢，是一切罪恶的源头，因此就算家财万贯、才华横溢或成就非凡，都要懂得谦虚，才能包容一切；再者，做事要讲求信用和诚实，才能维系人际的和谐；一位明智的人，是不谄媚别人，也不受人奉承，而失去风骨；一个人，如果言行虚浮不实在，往往招来轻视和侮辱，应多加谨慎。

【正文】

待人处世要能知理、知事、知人和知情，为人处世更要知己、律己，进而要知所应戒。能够严以律己，于道无亏，这是立身处世之要道。处世何事应戒？有四点说明：

第一，傲者恶之魁，故为人勿傲。傲慢是一切罪恶之魁首，有的人常常在言行之间，出言不逊、态度傲慢，令人心生反感，所以本来是多年的好友，因为你的傲慢，而慢慢疏远你；本来是一件美好的善事，因为你的傲慢，别人不和你共事而搁置。因此，做人不要以为自己有钱，就可以傲慢；不要自恃有才华，就可以傲慢，其实真正成熟的稻穗，头垂得愈低。所以，一个伟大的人，必然会更加谦虚，能够虚怀若谷，才能包容一切。

第二，诈者德之贼，故处世勿诈。人言为信，言而无信不足为人，故“诚实”是做人的基本修养。有的人做人虚伪、奸诈，与人来往常常喜欢耍一些小动作、占一些小便宜，自己还扬扬得意，以为别人不知。其实一次两次，别人不计较，次数一多，自己的人格破产，别人也不屑与他往来。因此人际之间，所谓人心难测，靠一“诚”字能知交，尔虞我诈不但伤和气，一旦身败名裂更是划不来，所以待人处世千万勿诈。

第三，谄者行之丑，故接物勿谄。做人不可傲气，但要有傲骨，所谓傲骨，就是为人正派，不因小利而趋炎附势、阿谀谄媚。谄媚，是人类最丑陋的行为，善于逢迎谄媚的人，必为正人君子所不齿。所以，智者不以谄媚之言惑人，也不为谄媚之言所动。

第四，虚者言之浮，故言谈勿虚。《论语》云：“君子不重则不威。”言行虚浮不实的人，很难获得别人的敬重，举凡伟大的人物，如玄奘大师“言无名利，行绝虚浮”，澄观大师“身不行轻浮之为”，他们的行仪至今仍为人所称道。

所谓“人必自侮，而后人侮之；人必自轻，而后人轻之”。因此，我们立身处世，虽不能自傲，但也不能虚浮自轻。为人处世，不必患人之不重己，而应患己之不重人。为人只要能坚守自己的分际，不使道德修养、人格操守有亏，自然会获得别人的重视。

所以处世应戒：

一、傲者恶之魁，故为人勿傲。

二、诈者德之贼，故处世勿诈。

三、谄者行之丑，故接物勿谄。

四、虚者言之浮，故言谈勿虚。

【思考】

1. 立身处世何事应戒？

2. 试述傲慢和不诚实会招来怎样的祸患。

3. 简述言行虚浮不实将带来怎样的后果。

4. 生活中，你如何坚守自己的分际？

【延伸阅读】真正宝藏

- 金银财富人当宝，如何保管费思量；
  神明真若恩惠我，赐我菩萨好心肠。

做人四原则

礼为处世之本，义为待人之方；

廉为应世之道，耻为修养之妙。

【提要】

管子说：“礼义廉耻，国之四维；四维不张，国乃灭亡。”礼，是处世的根本，从小师长就教导我们，常说“请”“谢谢”“对不起”。因为“礼多人不怪”，有了礼仪，人与人之间才能保持良好的关系。义，是待人之方，一个讲义气的人，能够行遍天下，为人所尊重。廉，是应世之道，为官者，如果能廉政爱民，必能受到人民的拥戴。为人者，要能洁身自爱，才不会违反规矩。耻，是修养的妙方，《佛光菜根谭》说：“要想成功，必须发奋；要能发奋，必须知耻。”唯有知道自己还有哪里不足，才会懂得努力精进。

【正文】

做人要“不变随缘”，但是随缘并非随波逐流，所以做人也要懂得“随缘不变”，也就是要有不变的原则。做人应有的四个原则，提供参考：

第一，礼为处世之本。礼，是人际关系的规范，合乎伦理，就是有礼。有了礼节的规范，人与人之间，比较能保持良好而恰当的关系，所以，礼是人和人之间相处必要的条件。礼貌的养成，要从小教育，从小在父母师长教育下，人知道有尊卑、长幼之分，这就是有礼。有了礼貌，就有规矩；有了礼貌，待人处世就不会逾矩。

第二，义为待人之方。义（義），从字形上会意，“羊”有美善之义；一己（我）所表现的美善，就称为“義（义）”。如孔子说：“君子义以为质。”做人要有义，有情有义的人，对物“义然后取”，对人对事更是“见义勇为”“义无反顾”“义不容辞”。所以，义气是待人之方，不讲义气的人没有朋友，人要有义气才尊贵。

第三，廉为应世之道。廉者，品行方正也。为官廉明才能爱民，做人廉洁才会爱己。以清廉应世，即能不贪；不贪，自然不会因利之所趋，而做出有害人格操守的事，做出不利社会人群的行为，所以廉为应世之道。

第四，耻为修养之妙。耻者，羞愧之心也。人而无耻，如树无皮；人能知耻，如穿华服。羞耻之心，是人异于禽兽的地方；人若无耻，则无恶不作，失去人格，其与禽兽何异？所以做人要知耻，耻有所不知，耻有所不会，耻有所不净。一个人如果没有惭耻之心，永远不能进步；没有羞愧之心，永远不能成功。所以“知耻近乎勇”，能知耻辱，必成大器。

做人要平凡而不平凡。平凡者，要平易近人，虚怀若谷；不平凡者，对道德人格、义利成败要看得清楚，要有所为，有所不为。

一、礼为处世之本。

二、义为待人之方。

三、廉为应世之道。

四、耻为修养之妙。

【思考】

1. 本文提到做人有哪四个原则?

2. 为什么“礼”是处世之本?

3. 为什么“义”是待人之方?

4. 为什么“廉”是应世之道?

5. 为什么“耻”是修养之妙?

【延伸阅读】慈悲为怀

- 舍己爱人慈悲心肠，多作善行功德无量。

处世哲学

不说人非，是厚道；不辩己是，是高见；

扬人善事，是结缘；隐人过恶，是修德。

【提要】

生活在这个地球村里，你以什么方式或态度跟人相处？本文说，听到或是看到是非之时，不到处谣传，就是一种仁慈、厚道的展现；被人误解的时候，不必急着马上为自己辩解，才是一个有智慧的人，所谓“谣言止于智者”，有时候不辩，反而是最好的回应。看见别人做好事，心存欢喜，并且加以称赞表扬，也算是随喜功德；如果有人做错事或说错话，不四处张扬，能为他人留下转圜的余地，也是一种美德，因为人非圣贤，孰能无过，如果能够这样，相信就能够得到别人的好感。与人共事时，若能遵循以上的处世哲学，必能受益。

【正文】

人在世间生活，总要与人相处，都要和人共事。如何相处共事，每个人都有各自的一套方法应付，这就是处世的哲学。关于“处世哲学”，提供四点意见：

第一，不说人非，是厚道。世间最可怕的就是“是非”，是非无有定论，但杀伤力却奇大无比。有的人被是非所困，终日扰攘不得安宁；有的人被是非陷害，丧失了本有的成就，所以，我们不说别人的是非，就是厚道。当自己面对是非时，要紧的是不听是非、不传是非、不怕是非。当一个人人情参不透、是非辨不清时，就会起无明，所以，批评别人的话当于人前说，自然可免是非。

第二，不辩己是，是高见。人际相处，有时候难免会被人错怪、误会，有的人急于保护自己，就百般辩白。其实，真正高明的人，不必为自己辩白，哪怕是自己没有错，你能自我反省，自我认错，并不会吃亏，反而增长阴德。所以，有时候不要太计较自己的得失，人家的一言一语，不要太在意，因为“毁谤”打倒不了一个有志气的人，除非自己本身不健全、没有实力，因此面对毁谤最好的方法，就是不去辩白，不辩己是，才是高见。

第三，扬人善事，是结缘。佛教讲“未成佛道，先结人缘”，心存欢喜、恭敬、祝福的心，就是一种结缘的心，尤其给人好因好缘，就是最好的供养。有时候，背后说人家的一句好话，称扬别人的一件善行，就是帮他铺路，给他一些方便，这就是最好的结缘。能够常常不吝扬人善事、称人美德，结缘多了，自己也会得到很多的方便。

第四，隐人过恶，是修德。古德云：“休将自己心田昧，莫把他人过失扬；谨慎应酬无懊恼，耐烦做事好商量。”中国人过去总把“隐恶扬善”视为做人应有的美德，但今人往往“隐善扬恶”，并且尽可能地以揭发别人的隐私为能事。其实做人要将心比心，自己的过往，又何尝愿意让别人当成话题谈论？既然己所不欲，岂可加诸他人？因此，懂得隐人过恶，必是有德之人。

处世的哲学当然很多，一个人只要能够做到“不说人非、不辩己是”，进而“扬人善事、隐人过恶”，必能广结善缘，积聚功德，如此人生的旅途，必然走得更平顺，而不至于感叹世道坎坷，人间路难行。

所以，处世的哲学有四点：

一、不说人非，是厚道。

二、不辩己是，是高见。

三、扬人善事，是结缘。

四、隐人过恶，是修德。

【思考】

1. 文中提到的处世哲学有哪四点?

2. 略谈你对“是非”的看法。

3. 何谓“未成佛道，先结人缘”？请举例说明。

4. 请分享你的处世哲学。

【延伸阅读】欢喜人间

- 愿为李树长满李，好让人间添欢喜。

快乐的人生

生活知足，富贵随缘；读书明理，名利由他；

助人修德，报偿无关；行善为人，利害不计。

【提要】

俗话说“知足常乐”，知道满足而不贪不求，生活简朴，欢喜快乐，更甚财富。读书可以让人明白事理、变化气质和具备造福社会的能力，但是，如果只为求名求利，一旦不如预期，可能就要大失所望了，因此，读书以明理为重，不在乎名利，就能觉得快乐。帮助别人、促成好事是美德，可以为自己带来无比的快乐，但如果想以得到回报为目的，美意就变了调，快乐也就不见了，所以，行善不去计算利益得失，便能得到真实的快乐。

【正文】

快乐处处求，快乐在哪里？快乐在金钱爱情里？快乐在青春貌美里？快乐在荣华富贵里？快乐在权势名位里？其实，生活中能够知足、明理、助人、行善，当下就是快乐的人生。有四点说明：

第一，生活知足，富贵随缘。生活里，怎样才能得到欢喜、安然？满足非常重要。满足就是富贵，你不满足，即使万贯家财，只能称为是富贵的穷人；你很知足，哪怕是粗茶淡饭，也是精神丰实的富人。台湾的客家人，当他们吃过饭之后，你问："吃饱了没有？"他说："我足了。"意思就是吃饱了。人懂得满足很重要，你不满足，即使餐餐都是山珍海味也没有用；现在我足了，我很满足，实在很欢喜、很快乐。所以，生活里满足很重要，满足带来的欢喜快乐，比富贵更好。

第二，读书明理，名利由他。读书的目的，是为了变化气质，是为了通情达理，是为了学做圣贤事，是为了造福人群大众，读书不能没有正确的观念。有的人读书是为了出名，有的人是为了求利，甚至希望名利双收。万一既无名，也没有利，就觉得读书没有价值，所以读书明理，比名利重要。

第三，助人修德，报偿无关。做人"有才不足傲，有德才可贵"；有德者，是非不能扰其心，故为人要有品德，就如做事要有品质。如何修德？对人少一点侵犯，多一点爱护，则德日隆；以淡泊为师，自然可以养德；以恕己之心恕人，必然进德；有过能悔，然后就能增长福德；助成好事，知恩报恩，都是增品进德的最佳途径。此外，贫以无求为德，富以能施为德；能够助人修德而不求报偿，更能圆成自己的德行。

第四，行善为人，利害不计。行善是佛性的开发，是善美人性的显扬。做人要广结善缘，要乐善好施；行善结缘，我们的人生才会更宽阔，命运才会更平坦。所以，平时不管士农工商、政经文教等各行各业，都要抱着为大众、为社会、为国家、为人类服务的心，尽己所能地行善为人。只要有益于全民大众，一己的利害得失不足计较；能有积德结缘的人生观，才是幸福的根源。

人生的价值，不能只用金钱来评估；金钱以外，必定另有其意义与功德，如欢喜快乐，就是其中之一。

如何拥有快乐的人生？有四点：

一、生活知足，富贵随缘。

二、读书明理，名利由他。

三、助人修德，报偿无关。

四、行善为人，利害不计。

【思考】

1. 如何拥有快乐的人生？
2. 试述三个读书的目的。
3. 何谓福德？如何修德？
4. 请分享一则乐善好施的温馨故事。

【延伸阅读】改过向善

- 得失前缘定，祸福非眼前；
  化恶而为善，火焰出红莲。

领众之道

要知人才能善任，要育人才会继承；

要用人才得助缘，要留人才有余地。

【提要】

身为领导者，必须能力强，做事有条理，对人诚信，待人谦虚，有毅力，肯吃苦耐劳。除此之外，还必须懂得用人，因为世间一切皆由因缘而聚散，每个人都是相互仰赖彼此而成就，所以领导者若能善用每一个人，就能获得许多的助缘；若属下有意另谋他职，必须先了解原因，然后加以慰留，让对方觉得有被尊重的感觉，所谓“人情留一线，日后好相见”。所以领导者，若懂得知人、育人、用人、留人，相互尊重，让属下能够心甘情愿接受领导，才是成功的领众之道。

【正文】

在社会上工作，不是被人领导，就是领导别人。不管是领导人，还是被人领导，都必须具备才华、能力。尤其，身为领导者，在思想、风格、处事、修行，各方面都要有相当的能力，才有资格领导别人。领众是一门很大的学问，领众之道有四点：

第一，要知人才能善任。知人善任，是领众的第一要诀，知人才能适才适用，知人才能人尽其才。例如，主管要先了解属下的长处缺点，知道属下的兴趣爱好，安排给他的工作，要让他能发挥所长，让他做出趣味来，他必然全心投入；甚至知道属下的家庭背景，知道他的需要、苦处，适时给他协助、鼓励，他必然心存感恩，才能心无旁骛地尽心工作。所以，用人第一要先知人，知人才能善任。

第二，要育人才会继承。一个团体要永续经营，培育人才是不可少的。因此，现在很多公司团体，都有在职进修的办法，让员工短期出国参学、深造等。许多大企业的董事长，甚至国家的领导人，平时也都积极培养接班人。懂得育人，事业才有人继承。

第三，要用人才得助缘。独木难成林，一个人的能力再大，终究有限，集合众人的力量，才能集思广益。所以，一个有智慧的领导人，一定要授权，要给属下充分发挥的空间，而且要有“用人不疑，疑人不用”的智慧与心量。你能充分授权，让属下觉得被信任，被重视，他就会尽心尽力地奉献，所以要会用人，才能获得助缘。

第四，要留人才有余地。有时候属下有意求去，主管要去了解原因。是人事不和？是待遇太少？是工作没有发挥的空间？你要针对问题加以解决，要设法留人，让属下觉得留下来有前途、有希望。有时候，虽然不一定能留得住人，但是，让对方知道你的诚意，知道你对他的重视，所谓“买卖不成人情在”，日后也许他又会成为你意想不到的助缘，所以懂得留人才有余地。

能让团体运转的有两种人：一是领导人；二是被领导的人。如果以刀锋的锐钝，来比喻一个人的领众能力，强势的人，刀锋锐利，但容易伤人；和众的人，刀锋是钝了点，但经久耐用且不伤人。

所以身为领导者，要具备宽宏的胸怀与平等的精神。此外，“知人、育人、用人、留人”，是身为领导者必备的识能，“知人”首重目标一致；“育人”则要懂得教导部属，“用人”要公平合理；“留人”要使之有前途。

所以，领众之道有四点：

一、要知人才能善任。

二、要育人才会继承。

三、要用人才得助缘。

四、要留人才有余地。

【思考】

1. 领众之道有哪四点？
2. 如何培育人才？
3. 为什么“留人才有余地”？
4. 请分享领众的经验及方法。

【延伸阅读】心无挂碍

- 纵有锦衣长盈丈，不合身裁怪模样；
  虽是棉麻粗布料，舒适挺拔神飞扬。

第七章

修行之道

见人善行多赞美，见人困惑指迷津；

闻人称誉更奋勉，闻人谤语要警惕。

【提要】

什么是正确的修行之道？本文告诉我们修行要在生活中实践，看到别人做好事的时候，要随喜赞叹，而且要时时给人信心、欢喜、希望与方便；假如有人感到迷惑，甚至误入歧途，这时给予一点鼓励，也许就能改变他的一生；倘若听到赞美自己的声音，要心存感谢，更应提醒自己更加精进努力，不可自满；若听到有人批评自己时，应心存警惕，而且要反省自己平日之言行，有则忏悔改过，无则当作嘉勉。所以说，修行不是口号，也不是书上的文字，而是活生生地在每日的生活中，平时多赞美，多助人，多勤奋，多警惕，这样才是真正的修行之道。

【正文】

学佛是一种思想、一种信念，不是一句话而已，而是一种修行。修行并不是表象上的苦乐荣衰，而是在真参实学中，散发自性的光芒；在志行坚固中，流露悲愿的力量。“修行之道”很多，提供四点参考：

第一，见人善行多赞美。语言是人际间沟通的重要工具，运用不当时，也是伤人的锐利武器，因此学习说好话，以随喜赞叹给人欢喜，也是一种修行。例如，我们看到别人做了一件好事，要给他赞美；我们知道某人是好人，要给他歌颂，所以佛教有一个随喜功德的法门，我们要有一种随缘赞美的性格，这就是待人修己的第一修行。

第二，见人困惑指迷津。学佛并不一定要入山修行或施舍钱财，有时一句好话、一件善事、一个微笑，都能给我们的人生广结善缘，成就大好功德。例如，看到有人一时愚痴、一时迷惑、一时想不开，我们要多方地提醒他、开导他、鼓励他，不能见到人家迷惑，就不喜欢他、放弃他；学佛，要有不舍任何一个众生的悲心，所以见人困惑，给他指点迷津，这是待人修己的第二重要修行。

第三，闻人称誉更奋勉。称、讥、毁、誉、利、衰、苦、乐，佛教称之为“八风”，也就是八种煽动人心的境界。做人被人毁谤，固然应该自我反省，如果别人称赞我们，也要虚心检讨自己是否实至名归，所以不但要心存感谢，甚至要心怀惭愧，觉得自己还不足，自己还不能，自己还不够，因而更加奋发、勤勉，如此才能受之无愧。

第四，闻人谤语要警惕。俗语说：“誉之所至，谤亦随之。”世间的好坏，没有一定的标准，以伟人为例，有人奉为神明，有人视作魔鬼。甚至一个平凡的人，有人赞美、欣赏，也会有人批评、毁谤；被人毁谤，也不必生气，你把对方的批评毁谤，当成是给自己的一个警惕，是给自己忏悔、消灾的机会，能够如此转念一想，就是最好的修行。

“修”是实践，有修的人生才会圆满，才会增加我们的福德因缘。

修行非口号、形式，而是要将佛法运用到生活里，修行在生活中。

能用慈悲的语言度人、用慈悲的眼光待人、用慈悲的面孔对人、用慈悲的双手助人、用慈悲的心祝福人；生活中有佛法，才叫作“修行”！

所以“修行之道”有四点：

一、见人善行多赞美。

二、见人困惑指迷津。

三、闻人称誉更奋勉。

四、闻人谤语要警惕。

【思考】

1. 待人修己的修行之道涵盖哪些？

2. 试述“随喜功德”的含义及其事例。

3. 为什么听到称誉，要更奋勉、警惕？

4. 请分享个人的修行之道。

【延伸阅读】日日是好日

- 静中求静何需求，闹中能静才是修；
  若问禅机在何处，不在禅堂在心头。

领导之道

要能讲、能做；要无怨、无悔；

要有慈、有智；要不私、不傲。

【提要】

举凡一个国家，一个社会，乃至一个家庭或团体，都必须要有一个领导人。身为领导人，要具有慈悲的性格，遇到事情时，应有“同理心”，不可一味地想到自己的利益，应以智慧领导，千万不可以情绪领导；要不私不傲，秉持着“平等”及“谦虚”的态度，才能与部属做到最完善的沟通；除此之外，还必须拥有大肚能容的心量，以及开发他们潜能的教育机会，让他们觉得未来有无限的希望，这就是身为领导者的领导之方。

【正文】

中国人都不希望给人领导，希望能领导别人。然而在家庭，有家长要领导我们；在公司，有董事长、老板要领导我们；国家、社会上也有许多领导人，如元首、市长、乡镇长要领导我们。要成为一个领导人，要有领导之道，略有四点：

第一，要能讲、能做。做一位领导人，不是只会讲，却都叫别人做；自己能讲，也要能做。中国有句话说："身教重于言教。"自己要以身作则，站在前头，率先垂范，领导者负有带动部属的责任，不能光讲不做；若自己不能实行，跟随的人久而久之，必定对你能讲不能做没有信心。假如能做却不会讲，他也不知道你的意见何在，进而与领导者没有交集。《论语·里仁》说："君子欲讷于言，而敏于行。"所以对部属谨言慎行、言行一致是非常重要的。

第二，要无怨、无悔。领导者的行为、态度，时时都受到众人的瞩目。你不能让跟随你的人，每天对你满腹怨言，每天不断地给你泄气，甚至让他每天懊悔，失去勇气，弄得大家终日不见阳光，只有乌云满天，其后果可想而知。所以做一个领导人要经常乐观，用慈颜爱语，将春风欢乐散播给大家，让众人感动，此即所谓"带兵要带心"。

第三，要有慈、有智。领导人要有慈悲心，对于部属的问题要能解决，所有公家赋予我们的责任也要能承担。要用慈悲心对待一切，不能做起事来处处与人为敌。过去我们常讲"服务为做人做事的根本"，慈悲是给人快乐，用同理心去设想对方，体谅对方，用柔软心对待对方，协助对方。还要加上智慧。作为一个领导人，要懂得策划，懂得安排，懂得方法，懂得前后的因果关系。所以佛教讲，要能"横遍十方，竖穷三际"，也就是时空关系、上下人等，都要能够周全圆融，普遍十方。

第四，要不私、不傲。不要自私，不能只顾自己，有己无人，如此难以让人甘心效命。凡事先想到部属，对应得之报酬慷慨给予，何愁属下不服从领导呢？做人不要太傲慢，太傲慢的话，人家感觉你很官僚，往往与人难合，这样凡事都不容易沟通。谦虚对待，亲和关怀，不盛气凌人，不居高临下，则更加方便，更能得到部属群策群力，同心效力接受领导。给人利益，则无往不胜。

好的领导之道，是采取积极行动，以身立则，用宽广的胸怀、豁达的态度，去改变部属的生活与工作，激发他们的潜能。

“领导之道”供为参考：

一、要能讲、能做。

二、要无怨、无悔。

三、要有慈、有智。

四、要不私、不傲。

【思考】

1. 好的领导人，应注意哪些要点？

2. 为什么身教重于言教？

3. 你欣赏古今中外哪些伟大的领导人？请分析他们共有的特质。

【延伸阅读】因果

- 种好因，得好果。

人的层次

上等人，有慈悲有智慧；

中等人，有慈悲无智慧；

下等人，有智慧无慈悲；

劣等人，无慈悲无智慧。

【提要】

人本无贫富贵贱、美丑贤愚之分，因慈悲心与智慧的有无，而有了层次上的不同。能够悲智双运的人，是上等人；不能明白真正的是非善恶，却存着一颗慈悲心，被视为中等人；具有聪明才智，却缺乏慈悲心的人，是下等人；没有慈悲心，只贪图现成，甚至侵犯到别人，是劣等人。慈悲之人，有了智慧，就能造福更多的人；智慧之人，有了慈悲，就能做更多有益社会的事。

【正文】

人，有上等人、中等人、下等人，甚至有劣等人之分。我们是属于哪一等人呢？我们怎样来分别“人的层次”呢？提供四点看法：

第一，上等人，有慈悲有智慧。你是上等人吗？上等人不但有慈悲，而且有智慧。慈悲心就是一种仁爱之心，对人有爱心、有同情心，肯去帮助别人。所谓“慈能予乐，悲能拔苦”，能对别人的苦难感同身受，进而发起救苦救难之心，给人欢喜、给人信心；有这样的心意、身行，就是慈悲。有慈悲还要有智慧，有智慧才能明理，才能分辨是非、善恶，才能教说别人、教育别人、帮助别人。所以，有慈悲有智慧，这是上等人。

第二，中等人，有慈悲无智慧。中等人有爱心、有慈悲，但是慈悲里缺少智慧，所以不能明白真正的好坏、善恶、是非、正邪，也就是不明理。不过，虽然不明理，但总是宁可自己吃亏，对别人还是有慈悲、有爱心。这种人仍然算是很好的人，所以属于中等人。

第三，下等人，有智慧无慈悲。有一种人，他很聪明，甚至可以说是诡计多端。但是虽有聪明才智，却没有一点慈悲心。如果你想请他帮忙，他一点也不肯；你想要他助一臂之力，他宁可袖手旁观。这种人固然很聪明，但是不肯跟人结缘，不肯帮助别人，没有一点慈悲心，所以属于下等人。

第四，劣等人，无慈悲无智慧。做人最差劲的就是第四种劣等人。劣等人不但没有慈悲心，不肯对人施与帮助，而且也不聪明，没有智慧，对团体不能有所贡献，只是享受现成。尤其，这种人不但不肯给人，甚至贪得无厌；不但自己不明理，甚至因不明理而侵犯别人。跟这种人相处，会很麻烦。

慈悲和智慧，就好像人的一双手。一个人如果只有一只手，力量不够，必须两手配合，才能做事。慈悲与智慧，又如人的一双脚，鸟的一对翅膀；人有双脚才能走路，鸟有双翅才能飞行。所以有慈悲有智慧最好，没有慈悲缺少智慧，如同缺了一只手或一只脚，做任何事情都很难有成就，很难成功。

所以人的层次，有四点：

一、上等人，有慈悲有智慧。

二、中等人，有慈悲无智慧。

三、下等人，有智慧无慈悲。

四、劣等人，无慈悲无智慧。

【思考】

1. 人的层次有哪四种？

2. 上等人与中等人的差别在哪里？

3. 为什么有慈悲，还要有智慧呢？

4. 你觉得自己是哪一等人？

5. 本文给你什么启发或省思？

【延伸阅读】观心

- 俗念不清，心术不正；
  养性修心，一片光明。

生活四心

处世要有慈心，助人要有悲心；

做事要有喜心，修行要有舍心。

【提要】

《华严经》说："常乐柔和忍辱法，安住慈悲喜舍中。"世间滚滚红尘，芸芸众生营营求求，假如我们时时刻刻，身心都不离柔和忍辱，不离慈悲喜舍，那么就能得到很大的快乐了。待人处世，秉持一颗仁慈的心；帮助别人时，要能有观音菩萨闻声救苦的悲悯心；做事要有一颗欢喜心，才会感到快乐；修行要有一颗舍心，懂得放下，生活才能自在！慈悲喜舍"四无量心"，是菩萨普度众生所应具备的四种精神，也是每个人生活中都应该具备的四种心。

【正文】

心，有染污心、清净心、分别心、平等心、愚迷心、觉知心。心，还可分为虚妄心与真如心。虚妄的心就是染污心、分别心、颠倒心；真如心就是慈、悲、喜、舍四无量心。四无量心，能产生一切福德智慧，能利益安乐无量众生。在我们日常生活中，如何以四无量心作为立身处世的根本呢？有四点意见：

第一，处世要有慈心。待人处世要本着一颗仁慈的心，仁慈的心就是给人欢喜、给人安乐的心，而且是能体谅他人，肯为别人服务的心。有了慈心，在处世时，就能退让包容，对别人不利之事，就不会放任而行。《大学》说“止于至善”，就是要我们以仁慈之心利益众生，使众生得到欢乐；以纯善之心乐于公益，让众生得到帮助。

第二，助人要有悲心。人要有悲天悯人的心，悲心，就是帮助别人离苦得乐的心，就是像观世音菩萨救苦救难的心。帮助别人时，有悲心才能不在乎个人的利害得失，才能全心全力为众生去除困难；对于世间一切痛苦，才能没有贵贱怨亲的分别，而以平等之心施以救济，就如太阳，不求回馈而无私地普照世间。所以，助人时要怀着悲心，才能无私地救助他人。

第三，做事要有喜心。你每天工作有欢喜心吗？还是心不甘情不愿，一点也不快乐？做事时，“心甘情愿”才会让自己快乐；满心欢喜地去待人处世，才能让人感到真诚。做事不欢喜，就会容易感到疲累与辛苦，你带着欢喜心，别人也会因你的欢喜而感到快乐，如此事情做得再多也不觉得累。如驼骠比丘，三十年的岁月以欢喜心为人提灯笼照路，迎送挂单的人，而让自己与他人都得到了利益。

第四，修行要有舍心。你要想修行吗？你想要修身养性吗？修行与修身都要有舍心。舍心就是要能放得下，要能看得开，要能不计较，不自我执着；修身就是要舍弃不良的嗜好，舍弃不善的行为。语云：“舍才能得。”如果你能经常主动地给人一个微笑，主动地去帮助别人，相信必能获更多的善意回应。

慈悲喜舍“四无量心”是菩萨普度众生所应具备的四种精神，也是每个人生活中都应该具备的四种心。

所以“生活四心”就是：

一、处世要有慈心。

二、助人要有悲心。

三、做事要有喜心。

四、修行要有舍心。

【思考】

1. 何谓“四无量心”？

2. 如何以“四无量心”作为立身处世的根本呢？

3. 如何让自己做事时满心欢喜？

4. 修行时，要舍什么心？

5. 这篇文章给你什么启示？

【延伸阅读】放下怒火最吉祥

- 妒火心中燃，不灭会焚身。

犯 错

智者有错必认，愚者有错必饰；

贤者有错必改，狂者有错必执。

【提要】

一个人是智是愚、是贤是狂，往往取决于面对错误时的心态。智者贤者有错必认，有过必改，而且，能虚心接受别人的批评，让自己走向善美的道路；愚者只会极力掩饰，找理由原谅自己，成了不明事理的人；更糟糕的是有错不改，不知反省，一错再错，就成了狂人。我们一生难免犯错，但是肯认错改过，就是进步，即使不能成为智者贤者，至少会是一个明事理、行正路的好人。

【正文】

“人非圣贤，孰能无过？”凡夫众生难免会有犯错的时候，但是“知过必改，善莫大焉”，所以人不在于无过，而在于知过能改。

孔子的弟子子路之所以为人所赞美，并不是因为他不曾犯错，而是他能“闻过则喜”；大禹为人所称誉，也不是因为他不会犯过，而是有了过错以后，经人指点，他都心存感谢，甚至“闻过则拜”。因此，一个人犯错之后的心态如何，可以看出未来的成就大小。关于“犯错”，有四点说明：

第一，智者有错必认。有智慧的人，不见得只喜欢听别人对他的赞美，有时候赞美不当，他反而觉得你很虚伪。由于智者能“不以称誉为喜”，他懂得“人之大善，在于知过能改”，因此，当别人指出他的错误、缺点，对他有所指正、批评，他反而觉得受益，这就是有智慧的人，所以懂得认错才是智者。

第二，愚者有错必饰。智者改过而迁善，愚者文过而饰非。愚者只要一听到别人指出他的错误，就极力否认，其结果是“迁善则德日新，饰非则恶日积”。时下一些年轻人，常常容不得别人说他一点不对，他会有一大堆理由。比方说，约会迟到，他全然不怪自己，反而说：“我出门时正逢交通阻塞；我刚要出门，电话就来了；我刚刚走出大门，就下雨了！”他总有千百个理由，就是不肯承认自己的错误，这就是无明的愚人。

第三，贤者有错必改。人，所以被尊为贤者，必然在事功或德业上，有足以为人典范的地方。例如，颜回好学，而且“不迁怒”“不贰过”，故为孔门七十二贤人之一。贤能的人唯以改过为能，不以无过为贵，只要他发现自己有了过错，必定当下立誓改过。因为不饰过失，终能达于善美，因此勇于改过的人，必是贤能之人。过去贤明的君主，如康熙大帝、汉武帝等，都曾“下诏罪己”，所以政治清明，成为后世楷模。

第四，狂者有错必执。一个人犯了过错，并不严重，严重的是不肯改过、不肯认错。只要肯改过、肯认错，就能不断进步，就能往圣贤之路迈进！反之，一次次犯错，却从不检讨自己的人，由于狂妄自大，执着自己的看法，自然一错再错。这种有错必执的狂者，只能说积习难返，无可救药矣。

世界上没有十全十美的人，也没有永远不犯错的人，重要的是犯错时，能觉知反省，对他人的错失，能有胸量包容。所以，一个人是智、是愚，是贤、是狂？就看自己面对过错的心态如何。

关于“犯错”的态度，有四点：

一、智者有错必认。

二、愚者有错必饰。

三、贤者有错必改。

四、狂者有错必执。

【思考】

1 试述智者、愚者、贤者与狂者如何面对犯错。

2. 为什么犯错后的心态，可以看出未来的成就大小呢？

3. 略述阅读本文的读后心得。

【延伸阅读】我是佛

- 寻佛要在心里寻，不在深山不在远。

培植之道

植树要培其根，植德要培其心；

植量要培其广，植福要培其劳。

【提要】

“培植”，有栽种培育、培养、扶植之意。栽植树木，要注重根部的培植，做人也应追本溯源，不忘根本，才会懂得珍惜、感恩；如果一个人能以求取功名的心追求道德，必能时时善护自己的心念，那么道德与人格就能像花朵散发着高贵、芳香的气息，一个人有着高尚的人格、道德，必然处处受人尊敬。《佛光菜根谭》云：“心胸豁达开朗的人，凡事看得高远，不会被眼前利益所蒙蔽；心量狭隘自私的人，处处与人计较，所以往往无法成就大器。”必须靠自己努力耕耘，累积福德因缘，未来才能欢喜收成！

【正文】

“十年树木，百年树人”，古今中外，对人才的培植，莫不同等重视。战国时期齐国孟尝君好养贤士，食客数千人，就是以培植之道来造就人才。但是何为“培植之道”呢？有四点意见：

第一，植树要培其根。树高千丈不离根，如果根部腐烂了，养分无法吸收，就不可能有花繁叶茂的树，所以浇灌树木的枝叶，不如从根部好好培植，不可因其隐于地下而忽视；只要根不坏，荒地也能开花。植物的“根”，好比佛教常讲的“因”果；在世间，一切都是由根本发展出来的，所以做人要“立定脚跟”，解决问题要“探究根本”，生命也要“追溯本源”。有根，才能开花结果；无根，就如浮萍，难以安身立命。

第二，植德要培其心。经云：“不识本心，学法无益。”心如水之源，源清则流清，所以古代的仁人君子，都很重视心性的修养。心是一切行为的主宰，正如花开千层不离心。《六祖坛经》也说“不离自性，即是福田”，心念好好善护，行为才能在正轨上发展，所以要培植道德之花，必定要从心灵上着手，出言吐语才会芬芳远播。

第三，植量要培其广。常言说“宰相肚里能撑船”，但是有的人却“拔一毛而利天下，吾不为也”。其实，“与众分食”才是滋味无穷。《老子》譬喻：“上善若水，水善利万物而不争。”就是一种心量；而佛菩萨也有“心如空虚，量周沙界”的宽宏，正因为心里有无量的众生，才得以圆满成就菩萨道。所以，稻穗、花海广大成片，才能令人赏心悦目；人的生命经验要传承，也要有教人的胸怀雅量，才能广被天下。

第四，植福要培其劳。一个人的福德因缘，不是上天平白赐予，也不是父母师长爱护就能成就。华丽之屋起于一砖，锦绣之衣织于一缕，成就必须靠自己，所谓自己种自己收。植福，就像开发田地一样，需要胼手胝足，辛勤耕耘，才有收成；唯有经过自己努力付出，才能体会、珍惜。

国家的文化要优良，社会的制度要健全，都需要用心培植；甚至现代医学研究发现，基因是可以通过培植而改变的。凡事只要我们肯用心培植，未来就有无可限量的希望。

因此“培植之道”有四点：

一、植树要培其根。

二、植德要培其心。

三、植量要培其广。

四、植福要培其劳。

【思考】

1. 培植之道有哪四点？
2. 如何培植道德之花？
3. 简述培植心量的方法。
4. 试述一则胼手胝足，努力付出而成功的案例。

【延伸阅读】最好的供养

- 若问世间何最美，面上笑容欢喜心。

修　身

居家要俭，创业要勤；

待人要谦，处事要平。

【提要】

一个人的内在修养表现在修身上，修身是家庭和谐、社会发展、国家安定、世界和平的基础。生活要懂得俭约，才能减少欲望，不受物质的引诱，凡事不贪求，就不会招来祸患。而且要勤于工作，所谓“一勤天下无难事”，勤劳就不会怠惰，事业自能发达，生活自然富足。而且，待人要谦和，唯有饱满的人才懂得低头，谦虚是与人和谐相处的秘诀，不但能赢得友谊，更能得到助力。至于处事的态度，则要讲求公平，不要因个人的喜怒爱憎而偏颇，唯有公平才能无争，无争才能安定。

【正文】

人要在社会上立足，首先要自我健全；自己健全了，才能开创事业，乃至负起对家庭、对社会、对国家的职责，此即“修身”而后才能“齐家”“治国”“平天下”的道理。

至于人要如何“修身”？有四点看法：

第一，居家要俭。“俭”之一字，妙用无穷。俭能致富，俭能养廉。一个人居家能节约用度，不奢侈、不浪费，本性必然朴实无华，自不会因为受了物欲的诱惑而作奸犯科，所以俭约生活，这是修身第一要。

第二，创业要勤。“物竞天择”，“适者生存，不适者淘汰”，这是大自然的生存定律。人自不能例外，人要想在世间生存，必得有谋生的能力，也就是一般所谓“成功立业”的条件。人凭什么成功立业？有的人靠家世背景，有的人靠聪明才智，但并非人人如此幸运。不过有一项人人平等的天赋，那就是“勤劳”。“勤能补拙”，“一勤天下无难事”，勤劳是每个人最优渥的资本，创业要靠自己勤劳，才能成功。

第三，待人要谦。人际相处，能够赢得别人好感，最重要的秘诀，就是谦虚。人和人之间，你再富贵、再能干，如果你傲慢，不懂得谦虚、谦恭、谦让，别人不会喜欢和你来往，任凭你再有办法，所谓“独木难成林”，你不得人缘，最后还是难以成事，所以待人要谦恭，要礼贤下士，才会获得人助。

第四，处事要平。人是感情的动物，有情感难免会有好恶拣择。当处事时，心要均平，对人要平等待之，对事要公平处理，不可以因自己的喜怒、爱憎，或是只顾着站在自己的利益着想，而有所偏颇，否则别人就会有所比较、计较，自然纷争迭起。因此，人际要和谐、世界要和平，唯有公平、平等，才有实现的一天。

“修身”看起来好像是个人一己之事，其实推展开来，国家的安定、世界的和平，都必须由每个个人做起，修身的重要，不言而喻。

如何“修身”？有四点意见：

一、居家要俭。

二、创业要勤。

三、待人要谦。

四、处事要平。

【思考】

1. 本文对修身提出哪四点看法？

2. 成功立业需要什么条件？

3. 为什么待人要谦虚？

4. 简述修身对个人、国家、世界的重要性。

【延伸阅读】无住生心

- 人人心内有明珠，肉眼蒙尘看不见；
  摆脱凡尘用心看，心里明珠光立现。

人际相处

对贤能者服之以德，对乖张者驭之以术；

对朴拙者赋之以专，对顽劣者教之以方。

【提要】

“人际关系”是最重要，也是最难修的一门课程，而且跟不同的人相处，也有不同的相处之道。与贤能有德的人相处，千万不可以利用权势或名利取悦及诱惑他，因为一位有贤之人，无论行事、言论、心地都是光明磊落的，所以必须有道，才能使之信服。

在面对性情乖张或是顽劣之人，要教之以方，不能弃之不理，要讲求方法，以慈爱、鼓励、赞美，甚至用威力来降服性情刚烈之人。如果能够如此善观每个当下因缘，人我之间的相处，就不会出现太多的冲突与摩擦。

【正文】

人，无法离开群体而独自生活，每个人都要与他人相处，因此，人与人之间的接触往来，便成了人生一门很大的学问。

与人相处贵在相知，尤其“勿以己之长，而显人之短”，彼此要能互相尊重，互相成就，要懂得欣赏对方的优点；能够“观德莫观失”，才能结交朋友。对于人与人之间的相处之道，有四点意见：

第一，对贤能者服之以德。面对贤能的人，我们不可以用权势、金钱、名位来取悦他，而是要以自己良好的品性、德行与之交往，就如荀子所云：“君子易知，而难狎。”因为贤能的人虽然易于亲近，但是如果你的态度轻浮、邪佞，则难以令贤者看重你，所以对贤能的人，要服之以德。

第二，对乖张者驭之以术。面对一些生性嚣张、猖狂、傲慢的人，要如何与他相处呢？要驭之以术！也就是要有“方便”的方法。就如同驯马师要调服顽劣的马，一定要先懂得它的性情，再依它的特性来调御。有时候顺着它的心意，有时候要适时地控制它的方向。待人也是如此，不能一味地打骂责备，而是要先让他感受到你对他的尊重，并且要倾听他的声音，适时给予劝告；能有一些对治的方法，才能让他称服。所以对乖张者，要驭之以术。

第三，对朴拙者赋之以专。面对生性比较迟钝、朴实，甚至笨拙的人，我们要怎么办呢？《三国志》云：“贵其所长，忘其所短。”就是说明用人要“知人善任”，对于他的缺点要包容，而善加利用他的长处，并且给他因缘好好发挥。也就是说，对于能力较差的人，应视其能力，交代给他能完成的事，再从旁教导他做事的方法，让他有信心独力完成。因此我们对待朴拙者，要赋之以专。

第四，对顽劣者教之以方。对顽劣、不受教、刚强、下劣者，我们不能把他开除，也不能不用他，但是要有方法让他接受你。例如，用慈爱待他，让他因受到关心，而软化彼此的对立；用鼓励待他，让他受到赞美，而对自己产生信心；或者用威力来降服他，让他受到威迫而能跟随你。所以对顽劣者，要教之以方。

人际相处，要善观因缘、随顺因缘、珍惜因缘，尤其彼此能给自他留有一半的空间，则不但不会有冲突摩擦，还可以保持适当的交流，发生互补的作用。

所以人与人相处，有四点意见：

一、对贤能者服之以德。

二、对乖张者驭之以术。

三、对朴拙者赋之以专。

四、对顽劣者教之以方。

【思考】

1. 人与人之间的相处之道有哪些？
2. 你如何与生性嚣张、傲慢的人相处？
3. 何谓“观德莫观失”？
4. 试述一则以关心、慈爱软化彼此对立的例子。

【延伸阅读】满心欢喜

- 布施财物固然好，无力布施别灰心；
  关怀安心也是宝，给个笑容亦如金。

人生的真相

要知身体不坚，如梦如幻；

要知生命不久，如泡如影；

要知钱财不固，如露如电；

要知功名不实，如霜如雪。

【提要】

有人耗尽一生的青春，只为了寻求长生的灵药；有人汲汲一世的岁月，只为了获得富贵与功名。放眼古今，有谁肉体的生命永恒不死？身体就像水沫一般，转眼即灭，生命就像朝露一般短暂，太阳一出就蒸发了。《八大人觉经》说："世间无常，国土危脆；四大苦空，五阴无我。"人生真相变化无常，唯有真我的本性才是永恒的，只有修福修慧才能跳脱轮回，追求真正的不朽。

【正文】

常有人问："人，生从何处来？死往何处去？"当初佛陀舍弃世间荣华，出家修道，就是为了寻求生、老、病、死的人生真相。

究竟人生的真相是什么呢？有四点：

第一，要知身体不坚，如梦如幻。《涅槃经》里将人的身体比喻为“水沫”，是形容人体的不坚固，如水沫般须臾易灭。人体是由地、水、火、风四大和合而成，婴儿、童年、少年、青年、老年，每个时期都有着不同的变化，所以，佛经亦将人体比喻如芭蕉树般危脆。人如果四大不调则病痛生，四大离散则与世缘尽，因此身体是不坚，是如梦如幻的。

第二，要知生命不久，如泡如影。人生在世数十年，到了老病死的时候，生命在哪里？“普贤警众偈”云：“是日已过，命亦随减。”过一天，生命就少一天，就算人生从七十岁才开始，即使活到一百二十岁的人生，还是离不开生老病死的事实。曹操的《短歌行》提到“人生几何，譬如朝露”，生命，就像朝露，太阳一出来，就蒸发了；生命如水泡，一吹就破了；生命如影子，一入暗地就没有了，所以生命不久，如泡如影。

第三，要知钱财不固，如露如电。俗语说：“大厦千间，夜眠不过八尺；良田万顷，日食几何呢？”每个人都想要拥有钱财，而且从来不嫌多，但是，即使全世界银行的钱财都给你，你能用多少？《大智度论》也说，钱财是五家共有：盗贼会抢劫财物；贪污的官吏会贪污财物；水火、刀兵都会破坏我们的财富；连亲生的子女，也会将家财败光。所以钱财是不牢固的，是如露如电的。

第四，要知功名不实，如霜如雪。世间的人，总是汲汲于功名、富贵的营取。其实，荣华富贵、功名利禄是不实在的。你看，多少伟大的人物在高位时，每天往来的权贵门庭若市，一旦下了台，就门可罗雀，朋友就变得不再往来。所以，功名如霜如雪，太阳一出来，没有了！

人生是无常、苦空、无我的，唯有看清幻化不实的人生，才能求得一个不执着的真我。

所以人生的真相是：

一、要知身体不坚，如梦如幻。

二、要知生命不久，如泡如影。

三、要知钱财不固，如露如电。

四、要知功名不实，如霜如雪。

【思考】

1. 人生的真相是什么？

2. 试述人生从何处来，死往何处去。

3. 钱财是哪五家所共有？

4. 本文哪一句话让你感触最深？为什么？

【延伸阅读】真功夫

- 手摸不如目视，目视不如心看。

第八章

人我之间

以服务代替自了，以力行代替玄妙；

以往来代替沟通，以实践代替空谈。

【提要】

从小，父母就教导我们做人的道理；入学读书，老师也会教我们如何与人相处，懂得人我相处之道，可以减少很多猜忌、纠纷、破坏、分裂、仇视，所以人我之间相处之道，是非常重要的。每个人都来自不同的环境，各有各的想法与意见，所以在团体中容易产生问题。人与人要相处和睦，要以服务的态度与人广结善缘；事事以身作则，亲身力行，树立良好的典范，才能让人信服；以相互交流代替沟通，建立共识，消除彼此之间的猜忌与不信任；以身体力行，成就好事。

【正文】

世间上，"人"是最麻烦的动物。

人际之间，除了"我"以外，还有"你"；除了"你"以外，还有"他"。这些人我之间，各有个性，各有想法，各有主张，因此，经常造成许多的是非、纠葛。所以，"人我之间"应该如何相处？

有四点意见：

第一，以服务代替自了。慈航法师曾说：“只要一人未度，切莫自己逃了。”我们要有同体共生的观念，要有同舟共济的精神，要有服务大众的态度。《阿弥陀经》说：“不可以少善根福德因缘，得生彼国。”服务大众，就是广植福德因缘，所以我们要以服务代替自了。

第二，以力行代替玄妙。过去有些法师讲经时，喜欢谈玄说妙，讲得太抽象了，因此，让佛法不易被人了解，导致教义不易弘扬。

现在我们要以“力行”来代替玄妙，力行就是躬亲实践，就如我们常说的“布施”，不是要他人去布施，而是我自己先要布施；佛教说“慈悲”，也不是要他人去行慈悲，而是我自己先要有慈悲；佛教说“服务”，也不是要他人去劳作，而是我自己要以身作则，亲身力行，如此才能让人信服。所以我们要以力行代替玄妙。

第三，以往来代替沟通。今天的世界，虽然是咫尺天涯，但是尽管科技再怎么发达，人我之间还是要有交流，因为人要借由彼此的往来，才能得以在社会上生存；国家亦须通过相互的交流，建立外交关系，才能相安无事，才能建立彼此的互信，才能免除不必要的猜忌，所以我们要以往来代替沟通。

第四，以实践代替空谈。俗语说：“说道一丈，不如行道一尺。”我们能说多少，就要做到多少，如孟子说：“求则得之，是求在我者也。”你要想有所成就，就必须付出一定的努力，如果凡事不亲身力行，只是空口说白话，就如画饼充饥般不切实际，永远也不可能成功，所以我们要以实践代替空谈。

“人我之间”的问题虽然复杂，但也不是无法可行，最好能以下面四点来处理：

一、以服务代替自了。

二、以力行代替玄妙。

三、以往来代替沟通。

四、以实践代替空谈。

【思考】

1.“人我之间”应该如何相处？

2. 为什么人是世间最麻烦的动物？

3. 试述一则以实践代替空谈的事。

4. 从这篇文章中，你学到了什么？

【延伸阅读】集体创作

- 各司其职，各展所长；
  分工合作，和气呈祥。

心平气和之方

遇人争执斗争时，没有偏颇；

遇人冲动粗暴时，心存和善；

遇人执着不解时，不强进言；

遇人是非不明时，保持沉默。

【提要】

一个人有多大的道德、学问、能力，很难论断；心平气和，则是必要的修养。如平常说："愿将佛手双垂下，摸得人心一样平。"心不平，在人生的道路上，往往会有许多的横逆接踵而来。假如能求得心平，还要气和。当一个人和别人一见面的时候，心平不平还不容易看得出来；气和不和，则很容易就能察觉。

【正文】

人，处于顺境时，容易心平气和；一旦面对逆境，就难以平心静气了。心平气和不是用在安宁闲暇之时，而是用在紧急危难之间。当大将在前方指挥，能够心平气和，则能理智清明，安然笃定；商人在商场上，利害交关的时候，能够心平气和，处之泰然，则必有所得。现在的青年学子，每遇考试时，若能心平气和，就会有好的成绩；警察处理违规事故时，如果心平气和，则能获得人民的尊重。

心平气和是做人处世的最大修养。如何才能在人际往来之间，让自他都能保持心平气和呢？有四点意见：

第一，遇人争执斗争时，没有偏颇。人常常在与朋友、亲戚、邻居，甚至家人发生意见不合时，因为一句话而争执不休，因为一点利益而相持不下。如果你正处在争执、斗争当中，该怎么办呢？最要紧的是不可以偏颇，你帮这一边，另一边的人会不欢喜；你帮了那一边，这一边的人也会不高兴，最好是保持公正、公平，不要偏颇，才不会招致怨恨。

第二，遇人冲动粗暴时，心存和善。我们在社会上做人处世，常会遇到一些朋友、亲戚，他很冲动、粗暴。当你面对一些凶恶、不和善的人，该怎么办呢？你不必跟他计较半斤八两，最好的方法就是心存和善。他情绪不佳，他动粗，我体谅他，我不动粗，我心里非常和平、善良，如此就能解决问题。

第三，遇人执着不解时，不强进言。有时候我们遇到别人在争吵，双方僵持不下，彼此都很坚持，不肯和解；这时你不要硬充和事佬，不必强要替他们排难解纷，甚至想要拉拢他们和平，因为人在气头上，再好的道理他也听不进去，正是所谓“不可理喻”。所以，如果你想进言，一定要等他们冷静下来以后，这时从旁委婉地分析，或许能发挥劝解的效果。

第四，遇人是非不明时，保持沉默。当别人有了纷争，你一时没有弄清楚来龙去脉，不知道究竟谁是谁非，这时最好保持沉默。等到实际了解情况，知道事情的原委以后，再去调解、帮助，才不会弄巧成拙，甚至帮了倒忙。

人要争气，不要生气，生气不能解决问题，心平气和才能开发智慧，有智慧才能找出解决问题之道。

所以，怎样做一个心平气和的人？有四点意见：

一、遇人争执斗争时，没有偏颇。

二、遇人冲动粗暴时，心存和善。

三、遇人执着不解时，不强进言。

四、遇人是非不明时，保持沉默。

【思考】

1. 人际往来之间，如何保持心平气和？

2. 你如何处理争执不休的场面？

3. 当你遇到凶恶、不和善的人时，怎么办？

4. 为什么遇人是非不明时，最好保持沉默？

【延伸阅读】向前走

- 低头另有天地，退步亦是向前。

一日到一生

一日之计在于晨，一事之计在于明；

一家之计在于和，一生之计在于勤。

【提要】

过去袁了凡先生每天都用“功过格”检讨自己的功过，反省一天之中有多少功德过失，如果我们也能学习古德的精神，每天反省自己，必能改过迁善。而且在工作上能够全力以赴，在人我相处上，能够以和为贵，每天做好事、说好话、存好心，日子就能过得很实在、很充实。所以，懂得善用时间的人，也就能够把握每个当下，让一日当百年过，并且记得要为人间留下一些贡献，才不枉费来到世间走这一回。

【正文】

随着时代的科技化，现代人的生活讲究方便、舒适，却因此养成好逸恶劳的习性，将岁月蹉跎了。如唐伯虎说：“人生七十古来稀，前除幼来后除老。中间光景不多时，又有炎霜与烦恼。”人的一生，扣除睡觉、生病、老年、幼年的岁月之后，还有多少时间可以利用呢？所以我们应当把握有限的生命，好好规划自己的“一日到一生”，让一日当百年过，为人间留下贡献。“一日到一生”有四点：

第一，一日之计在于晨。每天早晨，应该计划好今天所要完成的事情，有了计划与目标，就不容易虚度一日的光阴。拿破仑说：“我如果无所事事地度过一天，就会觉得自己犯了窃盗罪。”一日之始，如果没有好好地规划，不但容易遇事慌张，处事不圆满，而且恐有事情遗忘、漏失之虞，甚至得过且过地浪费光阴。陶渊明说：“盛年不重来，一日难再晨。”一日之晨好好计划，才不会“白了少年头，空悲切”。

第二，一事之计在于明。孔子说：“智者不惑。”一个有智慧的人，凡事必能明辨是非、始末能明。当我们在工作上，遇到了要处理的专案，在人事上，遇到了要解决的问题时，对事情的处理方法，以及理解程度是很重要的，如能明白事情的真伪、缓急，就能做出正确的决定。所以，我们对每件事情都要能明明白白，且有正确的见解，才能防止错误的发生，所以一事之计在于明。

第三，一家之计在于和。家庭里，虽然每个成员各有各的性格，如能以尊重、欣赏、支持的角度包容对方，便是和气相处之道。俗语说：“家和万事兴。”一个家庭的和谐，直接影响一个人的心智成长，以及人际关系的往来，甚至影响到整个社会的安定。朱熹说：“循礼保家之本，和顺兴家之本。”家庭是国家之根，和乐是家庭之基，所以一家之计在于和。

第四，一生之计在于勤。人生，最重要的就是一个“勤”。牛顿说：“你若想获得知识、获得食物、获得快乐，你都要下苦功，因为辛勤是获得一切的定律。”一个人，只要勤劳，一定能学有所成，创造赫功伟业；一个人，只要懒惰，必然会败散积蓄，虽志广难成。

《颜氏家训》云："天下事以难而废者十之一，以惰而废者十之九。"所以，"天下无难事"，只要能勤，必能成功。

人的一生要不断地更新，尤其在自己身心的调整上，要懂得规划人生，为自己订下一日的计划、一月的计划、一年的计划、一生的计划，为自己许下愿心。

所以"一日到一生"，有四点：

一、一日之计在于晨。

二、一事之计在于明。

三、一家之计在于和。

四、一生之计在于勤。

【思考】

1. 试述本文之旨趣。
2. 如何让一日当百年过？
3. 何谓"天下事以难而废者十之一，以惰而废者十之九"？
4. 如何规划"一日到一生"？

【延伸阅读】能忍自安

- 但恐后人不让路，你急行时我跑步；
  功利至上求快速，人人气喘在路途。

忏悔的力量

忏悔的明矾能洁净污浊，忏悔的针药能灸治百病；

忏悔的山泉能顿除干渴，忏悔的导师能救护指引。

【提要】

《大乘本生心地观经》有云："忏悔能延金刚寿，忏悔能入常乐宫，忏悔能出三界狱，忏悔能开菩提华。"由此可见，忏悔，能获得许多的好处。《地藏经》亦云："众生起心动念，无非是业，无非是罪。"所以，我们要经常忏悔，以洗涤无始劫来的罪业，内心才能感到清凉自在。总说忏悔有让人重生的力量，是再生的机缘，是进步的能源，亦是长养道德人格的开端，千万不可以漠视之！

【正文】

忏悔，是佛教重要的修行法门之一。忏悔是一种反省的功夫，如同衣服脏了，要用清水洗一洗才会干净；身心肮脏了，必须要用忏悔的法水才可以洗净。忏悔表示认错，你看儿童认错了，父母就不会责罚他；甚至犯了国家的刑法，法官判罪量刑之前，如果你有忏悔认错之心，也能把刑责减轻一点。忏悔有很大的力量，所以每个人要不断地忏悔，道德才能进步。关于"忏悔的力量"有四点：

第一，忏悔的明矾能洁净污浊。《易经》云："履校灭趾，无咎。"人只要常常反省、忏悔、改进，就不会有过失。忏悔，就像将明矾投于一缸污浊的水中，污水经过搅拌，就能沉淀杂质，变得清澈。所以，忏悔像明矾投于污水，能去除自身的坏习性，能长养内心清净的种子。

第二，忏悔的针药能炙治百病。佛教的经典将佛陀比喻为医师，佛法比喻为药方，所以忏悔就像针药，能医治众生的贪嗔愚痴。人都是希望把自己好的一面表现给别人看，坏的一面就想尽办法掩饰它。其实凡夫众生难免会犯错，犯了错要勇于面对，并且真诚地忏悔，而不是一再覆藏。就如人的身体长了恶瘤，如能以利刃将它切除，则能远离病苦，进而恢复健康。所以，做了错事，要能发露忏悔，忏悔即能清净。一个人能承认自己的错误，才能得到别人的原谅，也唯有如此，才能洗净我们的身心，得到真正清凉。

第三，忏悔的山泉能顿除干渴。忏悔就像清凉的泉水，当你走路走得又热又渴，全身汗流浃背时，喝几口潺潺的流泉，清凉自在，暑气顿消，很快就能恢复体力。一个人犯了过失，心中不安，就如干渴之人，不得自在，所以人要从罪恶中重生，必须发露忏悔，才能去除热恼，还复清净。

第四，忏悔的导师能救护指引。忏悔，就是让人有重生的力量；忏悔，就是给人改过自新的机会。忏悔就像导师一样，引导你迈向光明之路，在你"觉今是而昨非"，真诚地发露忏悔之后，彻底断除恶念恶习，忏悔在我们的心里可以产生很大的力量，它能让我们不断地再生、不断地更新、不断地进步。因此，不管任何一个宗教，都非常重视忏悔的修行。

忏悔的力量有四点：

一、忏悔的明矾能洁净污浊。

二、忏悔的针药能炙治百病。

三、忏悔的山泉能顿除干渴。

四、忏悔的导师能救护指引。

【思考】

1. 试述忏悔的意义。

2. 忏悔的力量有哪四点？

3. 忏悔的时候，应该有哪几种心？

4. 请分享发露忏悔、去除热恼的亲身体验。

【延伸阅读】缘起性空

- 我本无相，亦无圆缺；
  相由缘起，亦由缘灭。

四不非礼

非礼不视，其目自明；非礼不听，其耳自聪；

非礼不说，其口自清；非礼不为，其身自定。

【提要】

佛门里，无论殿堂、斋堂、讲堂，都有必须遵守的礼仪。生活中的行仪，要合乎“四不非礼”，必须懂得收摄眼、耳、舌及身根；那么，要如何收摄呢？只要是不合乎礼度的，都应该避免攀缘，才能让眼睛所看到的都是良善的，耳朵听到的都是清净的，口中说出的都是真实的，身体所做的都是善美的，内心所存的都是善念的，若能依此而行，生活自然就能够清净欢喜！

【正文】

儒家对礼的看法，有谓“非礼勿视、非礼勿言、非礼勿听、非礼勿为”。佛教讲六根不能随便放逸，例如，眼睛要慈眼视众生；耳朵要善听、全听、谛听；语言要说善良的语言、真实的语言；身体不可以杀、盗、淫、妄。这也是佛教对“礼”的自我修行。关于“四不非礼”，有四点说明：

第一，非礼不视，其目自明。对于不合礼的、不善的、不应看的，我不看。如清代史搢臣说："入人私室，勿侧目旁视。"这就是针对于非礼的，不是我所有的，我不但视而不见，甚至没有想看的心，如此，不但心地清净，让眼睛所见皆是良善，其眼必能明亮，更能以慈眼视众生。

第二，非礼不听，其耳自聪。我们的耳朵要听世间美好的声音，但是一般人总喜欢听别人不知道的"八卦"消息，除此以外，还喜欢听别人对自己的吹捧、谗言，这些音声就像包着糖衣的毒药，让自己萎靡堕落。古德们"闻功则惧、闻过则喜"，是让耳朵听真实之语，并欣然改过，所以我们不要听闲言，不要听是非，不要听粗言恶语，如此耳朵就会清净聪颖。

第三，非礼不说，其口自清。毁谤、讥讽、恶口、妄语、两舌等，不合礼的语言我不说。孙子说："赠人以言，重如珠玉；伤人以言，甚于剑戟。"话一讲出去，就像一把无形的刀子，使用不当则必伤人于无形。所以，我们要谨言慎行，不说粗恶、虚妄、沮丧、过头的话；而应该说慈悲、诚实、鼓励、谦虚的语言，如此，口舌自然就会清净。

第四，非礼不为，其身自定。孟子曰"善养浩然正气"，就是"礼"的养成。不合礼的事我不做，比方说，杀生、偷盗、邪淫等不善的行为不做，如此自然身能安稳，进退得宜，行止合度，浩然正定之气自然养成。

孔子所谓的"克己复礼"，就是要做好自己的本分，不逾矩、不越本分，才是"礼"的表现，否则就是无礼。人若无礼，则与禽兽无异，因此"四不非礼"，人皆应知、应行：

一、非礼不视，其目自明。

二、非礼不听，其耳自聪。

三、非礼不说，其口自清。

四、非礼不为，其身自定。

【思考】

1. 生活中应有哪些礼的表现？

2. 试述“善听”“全听”“谛听”的含义。

3. 生活中，常听到不合乎礼的语言有哪些？

4. 为什么古德会闻功则惧、闻过则喜？

【延伸阅读】美的定义

- 月圆照艳，月缺妩媚；
  美无定相，真就是美。

第一法

谦让恭敬是保身第一法，忍耐安详是处世第一法；

涵养包容是待人第一法，恬淡自在是养心第一法。

【提要】

中国是一个讲究修身养性、崇尚人伦道德的民族，五千年来，百家诸经无不以谦让、恭敬、忍耐、包容为美德；多少古圣先贤，也依此为修养或传家之宝。待人处世时，要懂得谦恭礼让，才能明哲保身；与人共事时，要懂得忍耐，以和为贵；待人时，必须相互尊重与包容，才能得到彼此的敬重；最后，生活要少欲知足，才能恬淡自在、身心泰然。我们若能将这四句话当成座右铭，那么，无论做人或做事，相信就能所做皆办。

【正文】

常听人说："这是最好的方法"，"这是最究竟的方式"，"这是最圆满的态度"。最好、最究竟、最圆满，就是"第一"的意思。做人、做事如果能找出"第一法"，必能所做皆办。第一法有四点：

第一，谦让恭敬是保身第一法。俗云："出拳不打笑脸人。"与人相处，要能谦虚、让步，对人恭敬、和顺，这是与人和平相处的重要基础。弘一大师曾说："吾见进而不止者败，未见退而自足者亡。"自古以来，只闻谦让与恭敬能消灾灭罪，未见因谦让与恭敬而酿就灾祸者。所以在人际交往中，应该懂得谦让恭敬，才是一个文明人应有的礼节，也是个人的保身之道。

第二，忍耐安详是处世第一法。与人共事，态度要安详、从容，不可冲动、毛躁，所谓"小不忍则乱大谋"，有些人常因生活上的一点小事，不能忍一时的口舌之快，因此惹来祸端，甚至造成无法挽回的遗憾。历史上，韩信的"胯下之辱"，勾践的"卧薪尝胆"，不都因忍耐安详才能忍辱负重、等待时机，终而得以施展生平抱负吗？安详忍耐是宠辱不惊、浮沉不惧的表现；安详忍耐是理智、沉着和自信，所以，忍耐安详才是处世的第一法。

第三，涵养包容是待人第一法。人都希望获得别人的尊重，但是"敬人者人恒敬之"，想得到别人的尊重，先要有包容别人的涵养，能原谅他人，能有不与人计较的胸襟，才能获得别人相等的对待。就如齐桓公不计前嫌，任用管仲为相，故能奠定霸业；刘邦原谅陈平收受献金，更厚赐财物，让他生活无有匮乏，故能安邦定国。一个人有包容别人的心，则"纵遇冤家也共和"，故能广纳贤良、善结人缘。明人薛瑄说："唯宽可以容人，唯厚可以载物。"涵养包容是立业之道，也是待人的第一法。

第四，恬淡自在是养心第一法。一个人，不管如何做人处世，养心是最重要的！养心之道，如孟子说："养心莫善于寡欲。"对于世间的功名富贵要能看轻，人我之间的是是非非要能恬淡；唯有清心寡欲，才不会被外物迷惑，才能不被利欲牵绊。《八大人觉经》说："少欲知足，身心自在。"所以恬淡自在是养心的第一法。

做人处世，先要懂得方法与巧妙，才能八面玲珑，才能明哲保身，才能身心泰然。

做人处世的第一法有四点：

一、谦让恭敬是保身第一法。

二、忍耐安详是处世第一法。

三、涵养包容是待人第一法。

四、恬淡自在是养心第一法。

【思考】

1. 略述保身、处世、待人、养心的第一法。
2. 历史上有哪些忍辱负重的故事？
3. 详述齐桓公任用管仲为相的缘由。
4. 在日常生活中，你如何养身和养心？

【延伸阅读】知足常乐

- 身高过人不足羡，脚踏实地好远行。

人要自知

人之所患，莫甚于不知己恶；

人之所美，莫善于闻过能改；

人之所贵，莫过于明理好义；

人之所鄙，莫大于寡廉鲜耻。

【提要】

唐朝赵州禅师曾告诫学僧，修行要靠自己，像吃饭、睡觉这些简单的事，都要自己来。所以，唯有自知、自觉，一切从自我出发，才能发挥己长。尤其，中国禅门很讲究“自觉”，凡事要靠自己去参，不能说破。人生在成长过程需要善友提携，但最重要的还是要靠自己，自己一句“我懂了”“我明白了”，比别人的千言万语教导更管用；反之，如果自己不求觉悟，光靠别人，其利益是有限的。

【正文】

世间上有很多人，每个人都有每个人的性格，每个人也都有每个人的好恶，甚至每个人的思想、观点、想法、能力、专长、经历也有所不同。不管自己的长短、特色为何，重要的是“人要自知”。有自知之明的人，才能藏己之拙，才能发挥所长。所以，人要自知，有四点说明：

第一，人之所患，莫甚于不知己恶。人生最大的过患是什么呢？就是不知道自己的错误，不明白自己的缺点在哪里。人不可能十全十美，每一个人难免都有一些缺失、不足，所谓“人非圣贤，孰能无过；知过能改，善莫大焉”。一个人只要能够“知过肯改”，能够勇于面对缺点，改正缺点，就能不断进步，就能成为有用的人。反之，不知道自己的过失，甚至文过饰非的人，不敢面对缺点，则永远没有改进的机会，当然永远不会进步，所以不知己恶，这是人之大患。

第二，人之所美，莫善于闻过能改。“子路闻过则喜，大禹闻过则拜。”自古圣贤听到有人指出自己的过失，都会欢喜接受，乐于听到别人给他的诤言。所谓“过则勿惮改”，只要能“闻过则喜”，就会改过，就能有成。反之，有的人喜欢护短，别人说到自己的过失，就好像抓到他的痛处。一个不知道改过的人，如何能有进步呢？因此，人生最大的美德，莫过于闻过能改。

第三，人之所贵，莫过于明理好义。人生在世，并非有权有势最好，世间最好的是明理好义。所谓：“闻义即从，常情所难；见义乐从，德贤所尚。”人只要明理，理路通，做起事来就会很顺利；人只要好义，义之所在，不落人后，必得人尊。所以，人生最可贵的事，就是明理，就是有义。能明理好义，可以说人生已经成功一大半了。

第四，人之所鄙，莫大于寡廉鲜耻。“树若无皮，不生华果；人无惭耻，会道至难。”人生在世，最为人所看不起的，莫过于寡廉鲜耻。一个不廉洁、不清净、不知耻、不知惭愧、不知改过向善的人，永远不能成功，终将为人所鄙视。所以，一个人想要成功，必须发愤；要能发愤，必须知耻；能知耻辱，必能成大器。人与人相处，不知道自己的缺失是一件很危险的事，不知道自己的长处，则是很可惜的事。尤其不知人之所患、所美、所贵、所鄙，则很难为社会大众所接受。

所以人要自知有四点：

一、人之所患，莫甚于不知己恶。

二、人之所美，莫善于闻过能改。

三、人之所贵，莫过于明理好义。

四、人之所鄙，莫大于寡廉鲜耻。

【思考】

1. 你认为人生最大的过患是什么？为什么？
2. 你认为人生最好的美德是什么？为什么？
3. 你认为人生最可贵的事是什么？为什么？
4. 你认为人生最为人鄙视的是什么？为什么？

【延伸阅读】禅语

- 知如近观，悟是远望；
  目只看前，心视八方。

一字福

"拙"字可以寡过，"缓"字可以免悔；

"退"字可以远非，"俭"字可以养福。

【提要】

《说苑》云："巧伪不如诚拙。"虽然一般人不喜欢过于笨拙的人，但与虚伪不实的人比起来，我们宁愿与笨拙一点的老实人为友。曾国藩曾说："处事贵熟思缓处，熟思则得其情，缓处则得其当。"无论说话或做事，若思虑周全，则可避免懊悔。古德常用"以退为进"告诫学人，意谓不争者可以远离是非，能获得更宽广的世界。诸葛亮亦言："静可修身，俭可养德。"所以，一个人在生活中，若能以有一句话或一个字为座右铭，人生必能阔达无碍。

【正文】

一般人常以一句名人讲过的话，或是一段富含哲理的文字，作为自己人生的座右铭，勉励自己精进向上，或提醒自己修德养性。其实，懂得的话，有时一个字就足够一生受用无穷，进而获得无量无边的福报了。关于"一"字福，有四点提供参考：

第一，"拙"字可以寡过。一般人都不喜欢笨拙的人，而喜欢聪明伶俐、反应敏捷的人。但是人的聪明、机智，如果没有用在正途上，所谓“智慧型的犯罪”，智慧并不算是福气。莎士比亚说：“与其做愚蠢的智者，不如做聪明的傻子。”笨拙一点的人，按部就班、脚踏实地处事，且能老实、踏实、扎实地学习，也就不容易出差错，因此“拙”字可以寡过。

第二，“缓”字可以免悔。《左传》：“动则思礼，行则思义。”凡事要三思而行，勿莽撞而为。“缓”，可以让自己在做出决定前，谋略得更周详；“缓”，可以让自己在开口说话前，考虑得更为广远。唐太宗说：“做事不三思，恐怕忙中有错；气能一忍，方知过后无忧。”遇到事情不要心急仓促，面对利益也不要汲汲营营，凡事能缓一点，想清楚了再做，才不会有遗憾，所以“缓”字可以免悔。

第三，“退”字可以远非。古德云：“不与人争者，常得多利；退一步者，常进百步。”我们在欣赏一幅画时，常会退一步看，如此更能深入画中的意境，由此可知，退一步的世界更美。在行车时能退让，则不会造成交通的混乱；在功利前能退步，则不会争名夺利；在爱情里能让步，则能天长地久。《说苑》亦云：“富在知足，贵在求退。”能退步谦让，才能赢得彼此的尊重；能退步礼让，才能获得更广的世界。

第四，“俭”字可以养福。明太祖说：“金玉非宝，节俭是宝。”节俭，不单是指物质上的不浪费，感情也要节俭不滥用，时间也要爱惜不浪费，甚至生命也要珍惜不蹉跎。生活中的每样事物，应该要好好地利用“俭”字，因“俭”可以养福。《晋书》云：“奢侈之费，甚于天灾。”就如梁朝时，虽然没有外寇之侮，但因社会风俗奢靡，生活淫乐，所以侯景之乱一起，终因军队过于安逸，无力反击而灭亡，因此，社会风俗也要禁制节俭，国家才能强盛。

古人有以一字为师者，如范仲淹尊李泰伯为“一字师”，至今传为美谈。能以“一字”为师，足显自己的心量与智慧，故能获福无量。

“一”字之福有四点：

一、“拙”字可以寡过。

二、“缓”字可以免悔。

三、“退”字可以远非。

四、“俭”字可以养福。

【思考】

1. 试述本文大意。

2. 为什么说“不与人争者，常得多利”？

3. 如何养成节俭的美德?

4. 请分享你的“一字福”。

【延伸阅读】心平

- 气动障随至，气静可平心。

安居之道

居安宁时，能思危机；居福德时，能虑远祸；

居丰饶时，能济贫困；居高位时，能念谦卑。

【提要】

《左传》云：“居安思危，思则有备，有备无患。”正是警惕我们，居处顺境之时，也要防患逆境来时。譬如，看到天色不对，出门前就必须携带雨具，不要等到真的下雨了，才乱了方寸；得意时，应该提醒自己，不能过于安逸，才能远离灾祸；生活丰裕时，能懂得布施，这样除了能够舍离悭贪之外，还能长养悲悯之心；居于上位者，若能自谦，必可获得部属的拥戴，就如学者陶觉所说：“自谦则人愈服，自夸则人必疑。”

【正文】

一个修行人，能够“身安”则自然“道隆”；社会上的士农工商，也要“安居”才能“乐业”。“安居”之道，就是一个人的身心能够安然自在地生活。如何才能安居呢？有四点意见：

第一，居安宁时，能思危机。俗语说：“人无远虑，必有近忧。”一个人身处安乐之时，要想到如果临时发生意外，应如何应变；处于富贵之际，要防范万一陷入窘境时，该怎么办；处于得意的地位时，要做好一旦无常来时，失去地位了又该如何下台。《诗经·豳风》说：“迨天之未阴雨，彻彼桑土，绸缪牖户。”就是说明人要居安思危，则能有备无患。

第二，居福德时，能虑远祸。人在顺境之中，不可仗恃福德深厚，而一味地安逸享乐，但看历史上的亡国之君，不都是在富贵荣华之中，因为不知“善始克终”而国破家亡的吗？贞观年间是唐朝极盛之期，当时魏徵劝谏唐太宗说：“处高危则思谦降，临满盈则思挹损，遇逸乐则思撙节。”这都是说明，虽处于福德之中，但要常常提醒自己“生于忧患，死于安乐”。

第三，居丰饶时，能济贫困。生活过得富裕丰饶，应该要懂得济急救贫。有的人对于行善助人，总是说：“等我多存一点钱，再来布施。”这种人悭吝不舍，一辈子也不可能有钱布施，因为“待有余而后济人，必无济人之日”，所以，当我们现在有钱，生活犹有余裕，何不趁着行有余力去济贫救急呢？孟子说：“人皆有不忍之心。”救济贫困，也是慈悲心的长养。

第四，居高位时，能念谦卑。《左传》云：“好在人上，莫能相下，虽其和也，犹相积恶，恶至无日矣！”一个居高位者，如果不能感念下属的辛劳，不能以谦让的态度与下属相处的话，其团体在表面上虽相安和睦，其实，下属对上位者的怨怼已逐日累积，终有一天会遭人唾弃而众叛亲离。所以，居高位者，除了要以诚心善待下属外，还要做好无常一来，逊位之时的生活计划。

《孙子》说：“智者之虑，必杂于利害。”一个有智慧的人，他所顾虑的事，必定不是单方面的，而是有利有弊的整体考量。所以在胜算之间，他已预备好，如果不幸败北的解决方案，如此即使失败了，也能有退路可走，这就是智者的“安居”之道。即所谓“凡事预则立，不预则废”。

安居之道，有四点应该注意：

一、居安宁时，能思危机。

二、居福德时，能虑远祸。

三、居丰饶时，能济贫困。

四、居高位时，能念谦卑。

【思考】

1. 安居之道有哪四点？

2. 试举历史上能居安思危带领国家渡过危难的贤明君王。

3. 居高位者，如何念谦卑？

4. 请分享阅读后的心得。

【延伸阅读】智慧光明

- 空有奢华服，若无智慧心；
  有如朱门内，颓垣杂草生。

四好之道

若要身体好，饮食要吃少；若要人缘好，诚恳莫骄傲；

若要家庭好，关怀最重要；若要事业好，勤劳来创造。

【提要】

我们经常祈愿自己能够身体、人缘、家庭及事业一切都好，殊不知这些都是可以靠自己的力量去经营与改造的。例如，想要身体好，饮食就要懂得节制，除此之外，心理的健康也是不能忽视的，因为唯有不让身口意生病，才是真正的健康。有人说，做人要如同滚雪球，越滚越有人缘。意思就是说，平时就要懂得广结人缘，待人诚恳而不起傲慢心，因为傲慢是阻碍人我之间最大的樊篱。一个家庭，若要和谐，要先了解每个人的需求与想法，相互沟通才能生活在同一个屋檐下；想要事业有成，就必须辛勤播种、耕耘，才能享受最后丰收时的喜悦！

【正文】

每个人都希望自己身体好、学问好、名誉好，希望自己所具备的条件都能让人称赞。但是好有好的因果，坏也有坏的缘由，现在我们来谈谈“四好之道”。有哪四好呢？

第一，若要身体好，饮食要吃少。过去的人认为身体要健康、要有充足的营养，一定要吃得多、吃得好；现在的人却说："若要身体好，饮食要吃少。"在《阿含经》也说："若过分饱食，则气急身满，百脉不调，使心雍塞，坐卧无安。"佛世时，波斯匿王因为贪着饮食而过于肥胖，导致呼吸困难，因此，请示佛陀如何减肥。现代的医学也证明，吃得过好、吃得过多，会营养过剩，反而带来疾病；过度饮食既然有如此多的过患，我们自然应该要多加注意，予以节制。

第二，若要人缘好，诚恳莫骄傲。每个人都希望自己的人缘好，不论到哪里都能受到大众的欢迎，受到众人的喜爱，甚至不论做什么事情，都能受到众人的协助。这样的好人缘，并不是凭空而有的。诸葛亮说："不傲才以骄人，不以宠而作威。"如果你平时待人诚恳，经常服务他人、关心他人，而且谦虚有礼，不骄傲、讲信用、有情义，如此，你的人缘必定会很好。

第三，若要家庭好，关怀最重要。家庭里的每个成员，都希望我的家庭和乐美满，我的家人父慈子孝。如何才能建立美满的家庭呢？若要家庭成员相亲相爱，彼此要有良好的互动关系，也就是要互相体贴、互相扶持、互相尊重、互相包容、互相关怀。关怀，可以让儿童在爱的环境中成长；关怀，可以让老者在爱的家庭中找到安宁；关怀，也是夫妻之间相互扶持的良方，所以，要有美满的家庭，关怀最重要。

第四，若要事业好，勤劳来创造。创造事业，要靠平常的勤劳耕耘。爱因斯坦说："在天才和勤奋之间，我毫不迟疑地选择勤奋，因为它是世界上一切成就的催生婆。"由此可知，勤劳才能创造一切，勤劳是改造社会的动力。看看涓滴之水，竟能将大石穿透，这不是来自它强大的力量，而是昼夜不停地滴坠。“大地藏无尽，勤劳资有生”，因循怠惰的人，把希望寄托在缥缈的未来；勤劳奋发的人，则是将成功的未来掌握于股掌之间。

“四好之道”是提升生活品质的方法，除此之外，平时若能进一步地去关心他人、服务社会、奉献人群，如此，不但能组织美好的家庭，更能建立安和的社会。

“四好之道”为：

一、若要身体好，饮食要吃少。

二、若要人缘好，诚恳莫骄傲。

三、若要家庭好，关怀最重要。

四、若要事业好，勤劳来创造。

【思考】

1. 试述文中的“四好之道”。

2. 饮食无度，容易引发哪些疾病？

3. 如何成为有人缘的人？

4. 你觉得一个家庭最重要的是什么？

5. 这篇文章给你什么启示？

【延伸阅读】道在当下

- 莫作空谈，不慕高远；
  把握现在，当机立断。

第九章

智者所求

在行为上要求规矩，在信仰上要求正见；

在工作上要求勤奋，在生活上要求简便。

【提要】

一个有智慧的人，平常就懂得自我要求与自我教育，而不是一味往外要求。

在行为规范上，一举一动循规蹈矩，行立坐卧端庄稳重，形象威仪令人敬重。在信仰上，不论是信仰宗教或主义，最重要的，要有正确的思想和见解做导航，才不会迷失方向。在工作上，唯有经过努力耕耘的结果，才会甜美丰实，因此，勤奋就是财富，也是成功的秘诀。日常生活中，养成惜物惜福的好习惯，崇尚简便不奢靡，能淡泊朴实，才能拥有一个清明、畅意的生活。

【正文】

一般人常常要求别人，甚至要求佛祖、要求神明、要求国家、社会、父母、朋友。一个有智慧的人，他不会要求这么多，而是要求自己；如果自己都要求不到，如何去要求别人呢？关于“智者所求”，有四点意见提供参考：

第一，在行为上要求规矩。《礼记》说：“礼义之始，在于正容体、齐颜色、顺辞令。”我们身口意的行为，都要有规矩。说话言谈中，有讲话辞令的礼节，不能粗鲁放肆；举止动作间，有行动姿态的礼仪，不能矫情做作；待人处世时，有接待行谊的态度，要能不陋不悖。总之，一切的行住坐卧都要有规矩，就如孟子所说：“不以规矩，不能成方圆。”有了规矩，才能提升自我的人格、威仪与形象。

第二，在信仰上要求正见。一个人不能没有信仰，不管你信仰什么宗教，或是崇信哪个主义、哪一种思想，总之都应该要有信仰。有了信仰之后，最重要的，是要有正见；没有正见，容易随俗沉浮、盲目跟从，而成为迷信或是走向负面的人生。所以，信仰没有正见做前导，就好比失去方向的舟航，迷失在茫茫的大海中，不知何处是归程，因此，信仰一定要有正见。

第三，在工作上要求勤奋。富兰克林说：“懒惰使事情变得困难，勤勉使事情变得容易。”我们不管从事哪一种工作，最重要的是要勤劳奋发，如果不肯劳动，即使黄金随着潮水流过，你也懒得起身将它捞起。所以，有句谚语说：“勤奋是道路，苟安是悬崖，懒惰是坟墓。”凡事只要能勤奋去做，没有不能完成的；勤奋，才能走向成功之路。

第四，在生活上要求简便。日常生活中，如果我们过分放荡奢华、安逸浪费，即使有再多的财富，也有用完的一天。我们看企业家王永庆，虽富甲一方，但他的一条毛巾，用了几十年。因此，一个真正成功的人，他在生活上一定要求简便。比方说，穿衣只为了避寒，吃饭只为了果腹，居住只要求有个舒适的家。养成了淡泊简便的习惯，就能去除奢侈与浪费。

《礼记》说："傲不可长，欲不可纵。"一个有智慧的人，不求一时的享乐，不图一时的安逸。自古以来，贤士之气，大都在清心寡欲中表现，而操守品德，也都在享乐中殆尽，所以，吾人不可不慎。

智者所求有四点：

一、在行为上要求规矩。

二、在信仰上要求正见。

三、在工作上要求勤奋。

四、在生活上要求简便。

【思考】

1. 什么是智者所求的呢？

2. 为什么信仰要有正见做前导？

3. 请分享因勤奋而成功的企业家。

4. 为什么智者会在生活上要求简便？

【延伸阅读】和谐和平

- 鹬蚌相争两皆苦，解除困扰靠包容。

四种涵养

觉人之诈，不发于言；受人之侮，不动于色；

察人之过，不扬于人；施人之惠，不记于心。

【提要】

与人相处，我们总喜欢亲近有德、有涵养的人，那么，要如何成为大众所愿意亲近的人呢？本文告诉我们：当你察觉某人有所图谋时，心里明白就好，不要说出口；遭人诋毁时，要能不动声色，这就是“忍”的涵养，因为小不忍则乱大谋，所以临事不怯，忍之于色，也是一种修养；看见别人过失，不加以宣扬，则是另一种“慈爱”的表现；施惠于人时，能够不求回报，就是佛教所说的“无相布施”。若能依此涵养，培养自己的心量，不仅能够成就自己，也能得到大众的敬仰。

【正文】

《省心录》说：“和以处众，宽以待下，恕以待人，君子人也。”人要养成宽容的美德，能够宽谅他人无心之过，让人有改过向上的机会，才是君子之行。关于“四种涵养”，说明如下：

第一，觉人之诈，不发于言。我们跟朋友相处，发觉他对你有所图谋时，最好不要轻易地揭穿，只要心里有数即可。清代史襄哉说："恭可平人怒，让可息人争。"如果你能表现得不争不权谋、礼让守节操，以诚心忠实对待，反而比谩骂指责、钩心斗角，更能让对方感动而有所改进。

第二，受人之侮，不动于色。有时候别人讲话伤害你、侮辱你，你不要将不满之心表现在脸上，因为你将怒气形于色，反而让他人觉得你没有涵养。宋代苏轼说："天下有大勇者，卒然临之而不惊，无故加之而不怒，此其所挟持者甚大，而其志甚远也。"一个人可以忍得了别人的羞辱，是大勇之人，如蔺相如、勾践、韩信，他们不都是因为难忍能忍，所以才能青史流芳的吗？

第三，察人之过，不扬于人。中国人一向有"隐恶扬善"的美德，也就是不传扬他人的缺点或是非。但是，当遇到一些大奸大恶，我们仍应诉之于法，以免危及大众；如果只是个人的小过失，以及一些不当的言行，我们可以仗义执言告诫他，请他改过，但不要随便向他人宣扬。因为不揭人之恶而扬人之善，才能让大众有"见贤思齐"的心，才能减少恶的行为，进而增长善行，净化社会。

第四，施人之惠，不记于心。古人云："受人之恩不可忘，施人之恩不可记。"平常我们或许有机会帮别人一些忙，为人做一些服务，施人一些恩惠，但是，我们不能老是念念不忘，甚至希望别人回报。佛教讲"无相布施"，《圣经》也说："左手拿出去的，不要告诉右手。"就是说明施人之惠，不要记在心上，才是真正的布施。梁武帝一生造了很多寺庙，供养了很多僧人，但是，菩提达摩祖师却说："了无功德。"所以，布施要做到不为名、不求利、不望报的无相布施，才是大功德。

俗语说："志大量小，无勋业可为。"一个人的心量有多大，成就的事业就有多大。具备以上四种涵养，不但成就自己稳重踏实、磊落容忍的性格，更是仁爱的施与。

四种涵养就是：

一、觉人之诈，不发于言。

二、受人之侮，不动于色。

三、察人之过，不扬于人。

四、施人之惠，不记于心。

【思考】

1. 与人相处，应具备哪四种涵养？

2. 为什么觉人之诈，不发于言？

3. 如何做到受人之侮，不动于色？

4. 何以说"察人之过，不扬于人"？

5. 什么是无相布施？请举例说明。

【延伸阅读】人生如梦

- 悟名利可观浮云，看流水便知人生。

四　得

读书让我们得到知识，工作让我们得到经验；
人缘让我们得到方便，佛法让我们得到喜乐。

【提要】

读书，能让我们增长智慧，明白做人处世的道理；经验，是一种传承，可作为行事的参考，也是人生宝贵的资粮；工作要顺利，必须懂得广结善缘，结缘使我们人缘更广，而且处处方便。佛陀的慈悲教义，是解决众生痛苦，给予快乐的；借由佛法的体悟，让我们放下烦恼、执着，在纷扰尘劳中身心安顿，获得喜乐。

【正文】

生活中，每个人所想、所求不同；有的人想得到财物，有的人想得到名利，有的人想得到爱情，有的人想得到人缘，有的人想得到信用。如何才能有所得呢？以下人生的“四得”，提供参考：

第一，读书让我们得到知识。古人说“活到老学到老”，世间的学问，即使终其一生也学不完，所以，我们每一天都要读书，以获取更多的新知。读书可以让我们明道理，读书可以让我们知未来。书是智慧的来源，书是人类进步的动力，书是明古鉴今的典藏，书是了解做人处世的圭臬，书可以让我们增加能力，书是我们获得知识的来源。

第二，工作让我们得到经验。在工作中，要能不怕困难，不惧失败，才能成功。孙中山先生的革命事业，是历经一次、二次、三次，一直到第十一次才革命成功。所以，凡事只要有恒心去做，就能从工作中得到经验。经验，有可能是失败的，也有可能是成功的；在失败的经验中，让你有更多的反思与改善；在成功的经验中，让你有更多的规划与整合。所以，无论是成功或失败，都可以让我们得到宝贵的经验与技巧。

第三，人缘让我们得到方便。“结人缘”就是建立良好的人际关系。有的人做事不顺，到处受阻；有的人则能通行无碍，到处受人欢迎，这就是从结缘中得来的。在日常生活中，一脸亲切的笑容，一句鼓励的赞美，一个举手之劳的服务，一份真诚关怀的慰问，都能带给对方莫大的快乐，增进彼此融洽的关系，也是广结善缘的开始，有了善缘，就是给自己方便，有良好的人缘，才能行事顺利。

第四，佛法让我们得到喜乐。佛陀说法，旨在“示教利喜”，佛法是以利乐众生为目的。人间因为有生老病死，有阶级不平等，有人我斗争等种种的痛苦，佛陀一直在不断思索，如何让众生离苦得乐，所以，他教导我们如何去除贪嗔痴之苦。他告诉我们苦的来源，并教导我们离苦的方法，让我们通过佛法的开导，而觉悟自性，从而找到安心立命的方向，因此，佛法可以让我们得到喜乐。

每个人从小就要读书，尤其要读人、读事、读物，更要读懂人际的相处；懂得人际相处之道，就能获得好的人缘，在工作上也能获得助益。其实，不论是读书、工作，都是为了让生活安定、祥和，而真正能让心灵提升的，就要靠佛法的修悟。

所以这“四得”，就是让我们生活更美好的助缘：

一、读书让我们得到知识。

二、工作让我们得到经验。

三、人缘让我们得到方便。

四、佛法让我们得到喜乐。

【思考】

1.“读书”让你得到哪些知识？

2.“工作”让你得到哪些经验？

3.“人缘”让你得到哪些方便？

4.“佛法”让你得到哪些喜乐？

【延伸阅读】无嗔吉祥

- 向前三步想一想，退后三步想一想；
  嗔心起时细思量，放下怒火最吉祥。

四种病

懒、私、疑、痴。

【提要】

心病不易自觉，却如细菌病毒吞噬我们的心灵；若没有自觉自悟，常导致许多祸源，种下许多苦果。譬如，与人相处，我们有经常观照、自省吗？行事有勤奋上进吗？与人合作有私心吗？对真理有信心吗？对道理清楚明白吗？该如何借境练心，对治心病？如能以积极主动，去除懒惰懈怠；以利益大众，去除自私自利；以坚定信心，去除妄想疑惑；以明辨善恶，去除愚痴颠倒，则心病不易入侵。

所谓"心病难医"，应随时自我警惕，觉知省察，做自己的医疗师，如此即可远离烦恼，迎向光明健康的人生。

【正文】

人有两种病：一种是身体上的病，这靠医师、药剂、护理、科技仪器的辅助，就可以治疗；另一种是精神上、心理上的病，这就比较严重，不容易治疗了。人的心理毛病有哪些呢？

第一，懒。古人有云："为人在世莫嗜懒，嗜懒之人才智短；百事由懒做不成，临老噬脐悲已晚。"当一个人懒于对人点头微笑，懒于招呼关心，对家人朋友不关爱，对上班公事不勤劳，什么事都不热心，甚至对自己的生存都不起劲，这就是“懒病”了。一个人懒惯了，惰性会使得一个人在学业、工作、修行上都不会进步；因此，一旦懒，不仅形象会打折扣，生活也会很艰难。所谓“一分耕耘、一分收获”，你有付出，主动接触，关心各种人、事、物，就会有好的收成；相反，如果自己不根治懒的毛病，那么谁也没有办法了。

第二，私。社会上、周遭朋友，有不少人是大公无私的，但也有不少自私的人。人一有了私心，就只知道保护自己、图利自己，以自己为前提，不管大众，他慢慢地就高不起来、大不起来、成就不起来了。因为，这个世间是众缘所成，若不重视周遭因缘条件，就算是一粒好种子，也不可能会有成就。因此，培养自己具备大众性格、社会性格、融和性格，不自私、不自利，才能在这天地之间茁壮成长。

第三，疑。疑心好比盗贼土匪，让我们没有信心，对伦理没有准则，对真理不能受用。经云：“信为道源功德母”，“佛法如大海，唯信能入”。对信仰狐疑不信，如何入门？相同地，没有信心，无论读书、做事、往来，如何能有成就？为此，“疑”的心理毛病，不是靠别人、靠名医可以治好，而是要靠自己去断疑生信。

第四，痴。痴即无明，这是指在语言上、行为上、思想上不明理的病。人因无明不懂得要广结善缘，不懂群我之间的关系，不懂自己未来何去何从，不知如何慈悲待人，不知如何学习巧妙，不知如何联络往来。无明，所以不明善恶、不讲好坏，胡思乱想、颠倒是非，甚至扰乱六根，让我们不该看而看，看出烦恼；不该听而听，听出烦恼；不该说而说，说出烦恼；不该想而想，想出烦恼。无明实在是所有毛病的病根所在。

人都不喜欢生病，除了身体的病外，心理的毛病也要看好，才会有所成就。这四种病，需要我们用心治疗。

一、懒。

二、私。

三、疑。

四、痴。

【思考】

1. 人的心理毛病有哪些？
2. 承上题，你如何对治这些毛病？
3. 何以说“信为道源功德母”？
4. 为什么“无明”是所有毛病的病根？
5. 试述阅读、讨论后的心得。

【延伸阅读】等待因缘

- 欲速不达，拙因弄巧；
  欲求机运，善知时空。

使人信受

说话要言行一致，行为要内外一如；

做人要前后一般，做事要大小一同。

【提要】

“信”是人我关系建立之基石，有“信”，别人才有办法与你共处、共事；无“信”，就算是双方签了契约，彼此仍是处处提防、小心翼翼，令人难以捉摸。一个人言行举止求真务实，做人处世平等如一，才能树立形象，使人信受。言诚有信的人，言论有实践力，感人必深；表里一致的人，真实相待，给人信任；与人相处，讲究信义、不欺人，尊重他人，也忠于自己；临事不拣择、不计较、不分别、不比较，勇于承担，必有所成就。

【正文】

在佛教的经典里，每部经都是以“如是我闻”开头，以“信受奉行”结尾。这是因为当初经藏结集时，阿难自言听闻佛陀之言行，以“如是”为信顺自己所闻之法；“我闻”则为坚持其信之人；“信受奉行”则谓信受如来所说之法而奉行之意。

佛陀之所以能让弟子信受奉行其所说之法，是因为佛陀三觉圆满，万德庄严，佛陀的三千威仪、六度万行，都是佛弟子们学习的目标。我们做人，要让人家相信我们、接受我们，必须先树立自己的形象，建立自己的威信，让别人肯定我们、佩服我们，这样我们所说的话，才能使人相信、接受。所以如何使人信受？有四点意见：

第一，说话要言行一致。做人重要的是，要言而有信，说话算话，言行合一，这就是信用。一个人如果言行不一致，说话不守信用，对人的承诺不能兑现，这样的人不但信用破产，人格也会被人看轻。所以，言必信，行必果，言行一致的人，说话才会令人信受。

第二，行为要内外一如。一个人的行为要表里如一、内外一致，不能内心想的是一回事，外表做的又是一回事。内外不一致的人，让人猜不透你的心思，更无法亲近你、信任你。所以，一个人诚于中，形于外，对于自己的思想和行为要一致，内心是怎么想，话就怎么说，千万不可心里想这个，嘴里说那个，口中这样说，行为又那样做，否则，别人会对你的印象大打折扣。

第三，做人要前后一般。做人最忌人前一个样，人后另一个样，前言不搭后语，自相矛盾。这种人在人前表现的是尊重、恭敬，好像煞有介事的样子，到了人后却完全不是那么一回事，甚至背后批评、毁谤。久而久之，假面具被人撕破、给人拆穿之后，有朝一日，即使你以好意待人，别人也不会相信，所以，做人要紧的是前后一般。

第四，做事要大小一同。一个人要有平等心，平等是宇宙的真理，有平等心才能与真理相应。有的人只想做大事，小事他看不上眼，到头来却是一事无成；有的人只做小事，大事不敢做，这也太没有志气了。所以，我们做事情要大小一同，等无差别，以平等心来处理，以同理心来面对，要能“大事敢担当，小事不拒绝”，自然能受人信赖，自能开创出自己的一片天空。

如何使人信受？有慈悲心的人能令人信受，待人诚恳的人能令人信受，做人厚道的人能令人信受，有威严、有魄力的人，都能令人信受，更重要的是，要能做到如下四点：

一、说话要言行一致。

二、行为要内外一如。

三、做人要前后一般。

四、做事要大小一同。

【思考】

1. 文中提供哪些使人信受的方法？

2. 为什么每部经典要以“如是我闻”作为开头，“信受奉行”作为结尾？

3. 一个人要从哪些方面树立自己的形象，使人信受、肯定？

4. 为什么“做事大小一同”能够使人信受？试举例说明。

【延伸阅读】祥和欢喜

- 包容见美丽，爱心出祥和。

现代人

读通天下书，无书不读；行遍天下路，无路不行；

看尽天下人，无人不看；经历天下事，无事不经。

【提要】

科技日新月异，时代的巨轮不断地向前转动，相信有许多人会怀疑自己："我赶得上潮流吗？我能够掌握时代的脉动吗？"到底怎么样才能算是与时俱进的"现代人"呢？"现代人"，必须保持开放的态度，随时接受新的观念，而且要有一颗学习、向上的心。此外，还必须"读万卷书，行万里路"，以扩大我们的胸襟与视野；而且要了解不同国家的民族性格及风俗民情，增长见识；当然，还要拥有一颗好奇的心，勇于尝试不同的生活与经验，这样才符合成为一个"现代人"的条件。

【正文】

过去由于传统文化落后、封闭与独裁，人们生活贫穷、困苦；为了追求自由、民主、富强、繁荣的生活，大家开始鼓吹现代化。"现代化"即是已开发之意，这个名词代表了进步、迎新、适应和向上，不管国家、社会、宗教乃至个人，都随着空间、时间的转换，不断地寻求发展，不断趋向所谓的“现代化”。

到底怎样才叫作现代？保持开放的态度，拥有一颗肯学习的心，就是现代。现代就是肯把心中的成见去除，随时接受新的观念、新的事物，拥有一颗积极向上的心，就能随时进步，做一个如鱼得水的现代人。因此，怎样做现代人？有四点意见提供参考：

第一，读通天下书，无书不读。你要做一个现代人吗？一定要多读书，不但要广读古今中外的历史，举凡天文、地理、艺术、文学等，各种知识都要涉猎，因为，处在当前多元化的社会，不能只懂一样，而是要全面性地接触，广博之后再求专精，才能立足于当代。所谓读遍天下书，方能“观古今于须臾，抚四海于一瞬”。因此，无书不读，是做现代人的先决条件。

第二，行遍天下路，无路不行。古人云：“读万卷书，行万里路，有耀自他，我得其助。”现代人也应如此，除了读书以外，还要实地去了解文化、民情，以求取经验，取得临场感，感受每个国家，每个民族的思想、精神以及内涵。能够走遍世界的每一个角落，踏遍地球的每一块土地，那么整个世界就能掌握在心中。所以，现代人要走遍天下之路，无路不行。

第三，看尽天下人，无人不看。世界上有各式各样的人，白种人、黑种人、黄种人，这个国家的人、那个国家的人，贫穷的人、富有的人，美丽的人、丑陋的人，甚至士农工商各种职业的人；每个人因不同的国家、不同的民族性格、不同的家庭背景、不同的职务、不同的外貌，而有不同的语言、习惯、信仰和生活方式。因此，作为现代人，要看遍天下，无人不看，这样才能了解这个世间。

第四，经历天下事，无事不经。天底下的事无奇不有，无论是平凡的事、奇妙的事、新鲜的事、困难的事……每件事最好都有亲身的经验，所谓“不经一事，不长一智”，经验就是最好的智慧。因此，出生在现代，要做一个现代人，就应该勇于尝试所有的事，要经历天下事，无事不经，才能成为一个现代人。

时代进步，不但科技现代化，知识现代化，举凡生活、思想，也在迈向现代化。在这个样样现代化的社会里，人要如何随着时代的潮流迈进，而不会被淘汰？要如何做一个现代人？有人说，保持现状，就是落伍；进步不快，便会被淘汰。

因此，要做一个现代人，应该做到：

一、读通天下书，无书不读。

二、行遍天下路，无路不行。

三、看尽天下人，无人不看。

四、经历天下事，无事不经。

【思考】

1. 如何做一个“现代人”？
2. 为什么要“读万卷书，行万里路”？
3. 为什么看尽天下人，也是成为现代人的条件呢？
4. 请分享“不经一事，不长一智”的人生经历。
5. 简述你在生活中迈向现代化生活的经验。

【延伸阅读】祝福

- 但愿人人有空间，人人面上有欢颜。

处难处之人

遇诈欺的人，以诚心感动他；

遇暴戾的人，以和气熏陶他；

遇奸邪的人，以忠义激励他；

遇恶性的人，以包容善诱他。

【提要】

人与人相处，难免会遇到一些境界，如果能把一切的境界，当作是一种磨炼，那就会是成长的助缘；就如黄金、白玉经过琢磨以后，才能制成各式饰品。相对地，若能处难处之人，相信我们的性格会变得更加圆融、成熟。因为，在人生旅途中，不可能诸事顺利，总会有跟我们个性、想法、处世方式不同的人；遇到不得不去面对应付的难处之人，更能体会与人沟通的不易。

【正文】

学佛先学处世，能处难处之人，能做难做之事，才是真正会处世。如孔子循循善诱、谆谆教诲、有教无类，不放弃任何一个莘莘学子；观音菩萨则是千处祈求千处应，苦海常做渡人舟，不舍弃芸芸众生之中的任何一个。我们做人则应当学习古圣先贤的精神，难行能行，难忍能忍；做事，要做难做之事；处人，当处难处之人。关于怎样与难处之人相处，有四点意见：

第一，遇诈欺的人，以诚心感动他。当今社会，有很多人能欺则欺，能骗则骗，像金光党，针对人性的贪心和同情心来骗钱；怪力乱神的神棍，以人性的愚痴、无知来敛财；甚至很多的业者，以不实的广告、迷人的诱惑来推销产品、诈骗钱财。当你遇到这种诈欺的人，当然不能随他诈欺，不过你可以诚心诚意地教育他、感化他。

第二，遇暴戾的人，以和气熏陶他。对于暴戾之人，因为对方性情暴躁、乖戾，你便不能跟他一样以暴制暴，否则，只会让事情一发不可收拾。因此，当对方暴戾时，你要更和气，以和平的心感化他、熏陶他，用平常心来影响他，使他去除暴戾的性情。

第三，遇奸邪的人，以忠义激励他。如果遇到奸邪、不正派的人，讲话邪知邪见，对国家没有忠心义气，与人交谈都是歪理、邪念，对于这一种人，我们必须用忠义来激励他，以正气来摄受他，使他感受到你的忠肝义胆、正知正见，这样他便有可能被你降服。

第四，遇恶性的人，以包容善诱他。有一些人，生来就有劣根性，不肯受教，像这样的人，我们也不能舍弃他、不管他。过去在寺院的禅堂里，有一个恶习难改的人，大家建议将他开除。堂主却说："把他开除了，他回到社会上，不是要让更多人受害吗？如果寺庙都不能感化他，又有什么地方能使他改过呢？"所以遇恶性的人，我们更应该包容他，用慈悲来诱导他，使他心生惭愧，改过向善。

我们与人相处，不能只挑好人、善良之人、正直之人；对于习气重的人、品行不良的人，我们也不能完全排斥，能以待己之心待人，以责人之心责己，则世无难处之人，亦无难做之事。

所以，“处难处之人”有四点意见：

一、遇诈欺的人，以诚心感动他。

二、遇暴戾的人，以和气熏陶他。

三、遇奸邪的人，以忠义激励他。

四、遇恶性的人，以包容善诱他。

【思考】

1. 若遇诈欺之人，应如何相处？
2. 若遇暴戾之人，应如何感化他？
3. 若遇奸邪之人，应如何导正他？
4. 若遇恶性之人，要如何善诱他？

【延伸阅读】养生之道

- 虽是大鱼大肉，何及素菜清粥；
  何堪肚满肠肥，我爱快步轻足。

如何规劝

讲话要含蓄，切忌太露；

态度要委婉，切忌太直；

处世要圆融，切忌太真；

做人要宽厚，切忌太苛。

【提要】

当一个人的言语或行为有了过失或不当时，我们会给予忠告或劝导，让他改正错误，但劝导的方式和艺术，是必须讲究的。比如说，责备人时，用词要含蓄，不要太直接，要有幽默感，太直接容易伤害对方的尊严，这样不但不能被人接受，反而心生反感；规劝时，态度不要太严厉，要亲切、委婉；做人处世，不要太苛刻或得理不饶人，最要紧的是厚道与圆融。如此一来，才能达到规劝最大的效应。

【正文】

当一个人的言行有了过失或不当时，我们给予良言忠告或直言规劝，使之改正错误，即为“谏”。其实，谏的类型和方式，并非如此单一。古人为了勇于规劝对方，除了直言骨鲠者以言语劝谏外，也有以艺术形式委婉地进行劝说者，如北宋名相寇准的侍妾茜桃，为了规劝寇公体察民情，戒奢尚俭，以“诗谏”的方式，写下了《呈寇公》谏诗两首。又如清初画家蒋伊，以绘画代书，言事喻理为民请命，收集了民间疾苦和酷吏秽闻，创作了十二幅画，于康熙十八年，斗胆向康熙进献，是为“画谏”。

中国向来自称是“礼仪之邦”，由于长期的文化积淀，交际言辞崇尚委婉、曲折，而谏词则要求含蓄。时到今日，官民关系已发生了很大的变化，但是讲究进谏的方式和艺术，以求得规劝的最大效果，看来还是有必要的。因此，如何规劝？有四点意见：

第一，讲话要含蓄，切忌太露。当我们责备一个人时，用词要含蓄，最忌讳的就是太露骨、太过锐利，伤害了对方的尊严，这样不但不能被人接受，反而心生反感；所以，责人之过，要让对方堪受，要给对方留有余地，让他能够接受，能够令人欢喜接受，这是规劝的先决要件。

第二，态度要委婉，切忌太直。当我们规劝他人的时候，态度不要太严峻、太粗鲁，有时候责备一个人，反而要对他更加有礼貌、亲切、委婉，不可以太过直接，如果你直言不讳伤害了他，让他不肯接受你的意见，那就失去了劝谏的初心。

第三，处世要圆融，切忌太真。做人处世最要紧的就是圆融，切忌太真，有时候做人太过方正，难免得理不饶人。因此，方和正固然很好，但是圆融更重要。因为，凡事圆融一点，让人家在你的包容里，感觉到如沐春风，对方便能体会你的圆融，接受你的善意。

第四，做人要宽厚，切忌太苛。做人处世的妙诀就是要厚道，最怕的就是太苛刻。小的事情不要太计较，只要大事不糊涂，小事不必太介意。甚至在利益上，也要让人家多分一点，多得一点利益；假如你比他优秀，更应该多包容他、爱护他，不可太过严苛，让别人感受到你的宽厚，自然欢喜和你在一起。

古德云："良言一句三冬暖，恶语伤人六月寒。"语言是传达感情的工具，但若运用不当，则成为伤人的利器，更何况给予他人规劝的话，又是最敏感的语言，我们说话能不谨慎吗？因此，会说话的人，首先考虑的是，一句话说出来，是否传达了自己的意思，对方能否欢喜接受，所以，规劝也要有规劝的艺术。

如何规劝？有四点意见：

一、讲话要含蓄，切忌太露。

二、态度要委婉，切忌太直。

三、处世要圆融，切忌太真。

四、做人要宽厚，切忌太苛。

【思考】

1. 本文提供哪些规劝的艺术？

2. 请分享规劝他人或被他人规劝的亲身体验。

3. 讲述一则从谏如流的故事。

4. 文章中哪一段话让你印象最深刻？为什么？

【延伸阅读】只有现在

- 昨天已溜走，明日怎么看；
  摆在眼前事，尽心尽力干。

有用的条件

要有高尚的品德，要有丰富的知识；

要有善良的性格，要有健康的身体。

【提要】

有些人虽然能力很强，但自恃太高，很难与人相处；反之，有些人总是默默耕耘，低头做事，没有任何埋怨与委屈，像这样的人，即使没有一技在身，也会成为有用的人。诗人李白曾留下“天生我材必有用”这句不朽的名言，所以每个人降诞到人间，一定都能有所用，除了要有高尚的品德、丰富的知识、善良的性格，以及健康的身体之外，还必须学习说话，学习做人，懂得布施结缘，利益他人，更应该学习修心，才能成为一个有用而且广受欢迎的人。

【正文】

人，都希望成为一个有用的人，除非是自甘堕落、不肯上进，否则没有人愿意做个没有用的人。但是有用无用，就要看这个人愿不愿意被用，有的人虽然怀有一技之长，但是他不愿意为人服务，不愿意以自己的技能贡献社会、团体，像这样的人，即使有用也会变成没用。

反之，有的人虽然没有特殊的技能或本事，但是他很勤劳，又肯为人服务，所以大家都喜欢他，也觉得缺少不了他，而这样的人，即使没用也会变成有用。因此，什么才是“有用的条件”？有四点意见：

第一，要有高尚的品德。做人的根本，品德第一。所以，一个人宁可不聪明，没有能力，但不能没有高尚的品德。例如，佛教讲慈悲喜舍、惭愧感恩，这是做人的根本；中国儒家讲三纲五常、四维八德，这是做人应有的品德。现在的社会，讲究守时守信、服务奉献，这都是美好的品德。乃至现在提倡不抽烟、不喝酒、不吸毒品、不涉足酒家及舞厅等，这些都是做人应该具备的品德。一个人如果光是有学问、才华，而没有品德，一旦走上歧途，结果聪明反被聪明误。所以，我们若想做一个有用的人，先要为自己确立高尚的品德。

第二，要有丰富的知识。一个人要想成功立业，丰富的知识是必备的条件之一。有时候成为专家、专才固然好，但是在多元化的现代社会，也不能不接受一般的通识教育；能够在广博多闻之后，再一门深入，更能发挥长才。所以，一个人要在社会上立足，对于世间的知识，个人修养上的知识，利众为人的知识，乃至出世间的知识，都应该博学通达。

第三，要有善良的性格。一个人的性格，可以决定一个人的成就。有的人很有才华、能力，但是性格孤僻、自私自大，难以融入人群大众，他的成就自然有限；所以，做一个有用的人，首先在性格上要能与人为善、从善如流，要懂得体贴别人、体谅别人、包容别人，在与人相处时，能够给人方便、给人空间，让人欢喜与你亲近，自然获得人望。

第四，要有健康的身体。俗语说“留得青山在，不怕没柴烧”，健康的身体，是一切成就的基础；失去了健康，再大的抱负，也难以施展。所以，一个人有了丰富的学问、高尚的品德及善良的人格之外，还要有健康的身体，才能发挥所长，成为一个有用的人。因此，平时的自我保健，是成功不可或缺的要素！

人，宁可以无用，但不能无明；能够明理，而又有用，当然更好。

成为一个有用的人，就必须：

一、要有高尚的品德。

二、要有丰富的知识。

三、要有善良的性格。

四、要有健康的身体。

【思考】

1. 如何成为一个有用的人？
2. 为什么“品德”是做人的根本？
3. 在多元化的现代社会，如何汲取丰富的知识？
4. 请提供几则“自我保健”的秘方。

【延伸阅读】大器晚成

- 疾风知劲草，路遥显毅力；
  能负重担行，艰苦出俊杰。

六根修行

眼能见己身之过，耳能闻逆耳之言，

鼻能嗅圣贤之香，舌能尝真理之味，

身能触清净之境，意能思慈和之乐。

【提要】

人经由眼、耳、鼻、舌、身、意六根，接触外在的六尘，而起惑造业产生许多无谓的烦恼，若能摄身守意，密护根门，也就是佛门常说六根清净，眼睛不乱看、耳朵不乱听，乃至鼻不贪香、舌不贪味、身不为恶、意不妄动，生活中能将六根守护好，能落实六根的修行就是最好、最实际的修行，必能为自己带来身、心、灵莫大的助益。

【正文】

常听人说："人要修心养性。"其实光是"修心"还是不够的。人体上有眼、耳、鼻、舌、身、意六根，他们每天接触六尘，攀缘外境，引诱我们造种种的恶业，因此佛经形容六根如同六个盗贼，时时在窃取我们的功德法财。我们要如何避免受到六根所害，就是要做好六根的修行。六根如何修行，说明如下：

第一，眼能见己身之过。一般人的眼睛，都是用来看别人的过错，却看不到自己的缺失，因此整天讨厌这个、不满那个。如果我们能改变自己，不再光看到别人的不是，而能“反观自照”，看到自己的过失、自己的不是，这就是眼睛的修行。

第二，耳能闻逆耳之言。俗语说：“良药苦口，忠言逆耳。”一般人的耳朵，只喜欢听别人赞美我，说我的好话，但对朋友诚恳的忠告，却是置若罔闻，甚至心生反感。如果我们现在能欢喜纳受别人的规过、劝谏之声，甚至“闻过则喜”，这就是耳朵的修行。

第三，鼻能嗅圣贤之香。有人形容，鼻子追逐香臭之味，就像“探子”打听军情一样，可见鼻子的敏锐。不过一般人的鼻子，一天到晚只是追逐饮食的香味，如果我们能进而嗅到圣贤道德的芬芳之味，这就是鼻子的修行。

第四，舌能尝真理之味。舌能尝鲜，是谓“口福”，一般人更以能够尝尽天下的珍馐美味，是为莫大的福报。不过，“病从口入，祸从口出”。这也是人尽皆知的道理，所以我们最好要让舌头经常咀嚼真理的法味，进而能口宣佛法真理，这就是舌头的修行。

第五，身能触清净之境。人的身体喜欢接触冷热适中、柔软细滑的东西，所以我们要坐沙发，睡床铺，享受冷气等。如果我们能偶尔到寺院道场去禅坐、礼拜、端身、正直，让身体感触清净的境界，这就是身体的修行。

第六，意能思慈和之乐。语云：“人不自私，天诛地灭。”一般人每天心心念念想到的，都是自己如何获利、如何扬名、如何发财、如何成功。如果我们能够进而想到我要慈悲、我要公正、我要和平、我要助人，尤其要能够有“但愿众生得离苦，不为自己求安乐”之念，这就是心的修行。

修行非口头上、意念上、说给人家听的修行，而是要能真正地去实修、实行。修行不必谈了生脱死，先把六根修得好，就已是功德无量。

六根的修行就是：

一、眼能见己身之过。

二、耳能闻逆耳之言。

三、鼻能嗅圣贤之香。

四、舌能尝真理之味。

五、身能触清净之境。

六、意能思慈和之乐。

【思考】

1. 我们的六根要如何修行？

2. 试述你对“良药苦口，忠言逆耳”的体会。

3. 你觉得六根哪一根比较容易修？为什么？

4. 略述阅读本文的心得。

【延伸阅读】念起即觉

- 无中生有妄念起，妄念起时恶念生；
  坦荡清明消恶念，莫痴莫疑莫贪嗔。

第十章

无为之德

优秀的人不逞强，善战的人不受诱，
常胜的人不自夸，能巧的人不相较。

【提要】

自古以来，儒家和道家皆主张“无为而治”。无为，其实并不是无所作为或为所欲为，而是明智掌握事情当为、不当为，是一种进退有度的处世艺术。也就是说，真正的“无为”是一种不逞强、不受诱、不自夸、不相较的生活态度。例如，优秀的人，懂得遵时养晦，处处低调；善战的人，能攻能守，不被诱惑；常胜的人，懂得谦让，不会自夸；灵巧的人，进退得宜，不与人对立。一个人，行事若能依此而为，那么，就是真正懂得“无为”的内在精神！

【正文】

在佛法里有所谓“世间法”与“出世间法”，世间法又叫有为法，出世间法就叫无为法。甚至于道家的修炼，也讲究“清净无为”。“无为”，有时候对于我们的人格修养是很重要的。所谓“无为之德”，无为的德行到底是什么？有四点说明：

一、优秀的人不逞强。一个优秀的人才，在群众里面不会争强好胜，不会一再表现自己；他懂得韬光养晦，懂得养深积厚，更懂得留给别人空间，所以平时行事低调，甚至让人觉得他非常保守，非常谦让，这是真正有内涵的人，也才是真正优秀的人。

二、善战的人不受诱。一个勇敢善战的将军，他有攻有守，不容易受敌人计诱；反之，好逞匹夫之勇的人容易上当，容易受敌人引诱，因为他总是好大喜功，冒险前进，因而被包围，被引入陷阱。

三、常胜的人不自夸。一个经常在竞赛场中获胜的人，例如，现在体坛上许多奥林匹克的冠亚军，或是经常参加各种比赛的优胜者，他愈是得胜，愈是谦让，他不会炫耀自己，不会自夸，甚至连败在他手下的人，他都会谦虚地和对方握手，和对方表示友好。所以常胜的人不自夸。

四、能巧的人不相较。懂得灵巧的人，他和人相处，不会锋芒毕露，不会争着出头；他凡事看在眼里，何时该进，何时应退，都能了然于心，因此，不会针锋相对地和你比较、计较。反之，不懂灵巧的人，时时想要争先，处处想要当头，但因自己不够灵巧，因此，经常和人争风吃醋、争功诿过，如此，反而更加显露自己的愚昧与笨拙。

无为之德，有时候看起来像是不着力、不介意，但是这种“无所为而为”的处世艺术，有时候却很管用！

所以“无为之德”有四点：

一、优秀的人不逞强。

二、善战的人不受诱。

三、常胜的人不自夸。

四、能巧的人不相较。

【思考】

1. 试述无为的真正含义。
2. 本文对无为之德提出哪些看法？
3. 为什么说“常胜的人不自夸”？
4. 何谓“无所为而为”？试举例说明。

【延伸阅读】观因缘

- 只看表面，昧于真相；
  掩耳盗铃，活在假象。

工作之要

勤劳为工作的态度，节俭为工作的方法。

融和为工作的根本，谨慎为工作的原则。

【提要】

人的成就，要靠工作而成就；人的拥有，也是靠工作而拥有。所以一个人的成就，就看他面对工作时的态度及方法，一个人如果努力耕耘，不问收获，得到的必定丰硕；做事时，若不以金钱来解决问题，必能获得智慧。团队中，若能以融和为根本，就能和谐无碍；做事时，若能“胆大心细”，就能够有所成就；所以，唯有在工作中，我们才能活出生命的价值与意义，也才能拥有人生真正的财富。

【正文】

父母教育子女长大成人，无非冀望子女找份正当的职业，能学习独立自主；青年出了校门，也以在社会上谋取一份好工作，为自我成就。工作最神圣，服务最伟大；世间的人，假如不工作，就难以活出生命的价值与意义来。所以，如何工作，才能赚到人生真正的财富？有四点看法：

第一，勤劳为工作的态度。所谓“勤有功，嬉无益”，你要尽力工作，先要具备勤劳的态度。勤劳，必定是事业成就的关键，也是一个人获得成功的桥梁。像“焚膏油以继晷，恒兀兀以穷年”的韩愈，由于“业精于勤”，才能成为唐宋八大家之首的大文豪；而二十载恒“昼课赋，夜课书，间又课诗，不遑寝息”的白居易，也通过“早作夜息”而登上古代诗歌创作艺术的巅峰。

第二，节俭为工作的方法。工作的品质，并不是用财富、金钱堆积得来，而是要用智慧才能做出工作的意义、工作的价值。过去桀用天下而不足，汤却用七十里而有余，证明金钱、时间、人力、物资都可以为我所善用。所谓“聚沙成塔，集腋成裘”，为了节俭，智慧会从工作中生出；所以，节俭是穷人的财富，是富人的智慧。只有“啬于己，不啬于人”，“当用则用，当省则省”，效法君子以俭来立德，而不学小人以俭来图利，发挥适当的用度以创造，才是真节俭。

第三，融和为工作的根本。工作中，如果自己刚愎自用、独断独行，一定不能得到别人的助缘；如同天地间四时的节气，和煦就繁殖万物，寒冷就消蚀万物的生机。融和，是共事中很重要的润滑剂。廉颇因为向蔺相如负荆请罪，而有了令后世称道的“将相和”。以现实层面来说，有了融和的心意，处在任何时刻都是和谐无碍的。所以佛教讲“横遍十方，竖穷三际”，古谚所说“泰山不辞土壤，大海不择细流”，都是很好的说明。因此，做人要有容纳异己的气量，才能有远大的未来。

第四，谨慎为工作的原则。雨果说过：“谨慎比大胆有力量得多，看起来什么都不怕的人，其实是多么害怕对什么都小心的人。”孔子也说：“敏于事，慎于言。”其实就是一种谨慎的态度。做任何事应该要瞻前顾后，谨慎地顾虑好各种关系。所谓“祸不入慎家之门”，有的人必须吃了亏，才知道事前要谨慎，以避免一失足成千古恨，一步差致千里远；所以，古人“御狂马不释策”，纵马奔驰的人，不贪求最前，也不怕独自落后，只求谨慎，不敢大意。

爱迪生曾经说过：“天才是百分之一的灵感和百分之九十九的血汗。”说明了勤耕自有丰收日，时光自是不负苦心人，如果我们能够掌握工作的要点，就接近事半功倍的理想之道了。

所以工作之要有四点：

一、勤劳为工作的态度。

二、节俭为工作的方法。

三、融和为工作的根本。

四、谨慎为工作的原则。

【思考】

1. 如何工作，才能赚到人生真正的财富？

2. 为什么说“节俭是穷人的财富，是富人的智慧”？

3. 试述“敏于事，慎于言”之精神意涵。

4. 请分享一则因勤劳而成就事业的实例。

【延伸阅读】真假难定

- 耳闻可有误，眼看未必真；
  欲破虚妄象，要用禅定心。

人生四谛

良药苦口利于病，忠言逆耳利于行；

淡泊明志利于心，清净无求利于修。

【提要】

一般人都知道“良药苦口”，一旦真的生病了，有些人宁愿让病折磨而不肯就医、服药；听到别人说我们那里不好，或是做错了什么事，心绪就会随之起伏不定，老子曾说：“过则勿惮改。”虚心学习改过，才会有所进步。在生活中，要常怀感恩、知足的心；面对名利，不要急于出头；与人相处，不比较、计较，只要开启胸怀，意念所至，天地都在我们的心中，若能如此“身稳如山岳，心静似止水”，人生自当清净自在！

【正文】

佛教的真理之一“四圣谛”，即“苦、集、灭、道”，说明生命生死流转，以及解脱之道的缘起道理，目的就是要激发众生“知苦、断集、慕灭、修道”的决心。而在我们日常的生活里，也有四句真理，可以帮助我们在人生的道路上，行走安然、自在。“人生四谛”有四点看法：

第一，良药苦口利于病。有病，必定要吃药。《本草备用》统计，味道苦的药，在所有的药里占的比例最多；攻毒治病的药物中，最具疗效的，往往也是最苦而难以下咽的，所以说“良药苦口”。可一般人总是要吃甜的，吃自己欢喜的，明知“良药苦口利于病”，却是百般推辞，敬谢不敏，这就是凡夫的愚痴、执着。

第二，忠言逆耳利于行。有时候别人跟我们说话，明知是善意的忠告，可是我们却不喜欢听，因为觉得自己颜面扫地，有损尊严，甚至有时还会恼羞成怒，甩头而去。例如，别人叫我改过，我不欢喜；别人叫我向善，我也不欢喜；一听到别人说我哪里不健全，哪里有毛病，第一个反应大多是排斥，这许多忠言虽然逆耳，假如能虚心接受，必定有利于行，它会让你增加人缘，会让你做事顺利，会让你往来方便。所以，正直深刻的批评，虽然使人难堪，却最能让人反省改过而受益。

第三，淡泊明志利于心。三国时代，诸葛亮教诫孩子：“夫君子之行，静以修身，俭以养德，非淡泊无以明志，非宁静无以致远。”在我们的生活里，为人处世、修身养性也是如此。所谓：“大厦千间，夜眠不过八尺；良田万顷，日食几何？”生活不必追求奢华、享受，也不贪求拥有多少，只要简单、够用就好，应该要把多余的予人共享、共有，心能淡泊，自能安稳。

第四，清净无求利于修。所谓：“人到无求品自高，人到无念变安闲。”要修清净的道，就是不伤害人，不污染自心；心中无求，自然坦坦朗朗。《八大人觉经》里提到，“多欲”为生死的根本，人所以有生死疲劳，都是从贪欲而起；如果能清净少欲，无求、无为，必定有益于身心行为的修正，而离自在解脱的生活，也就为期不远了。

《三国志》说："夫良药苦口，惟疾者能甘之；忠言逆耳，惟达者能受之。"《战国策·齐策》也说："晚食以当肉，安步以当车，无罪以当贵，清静贞正以自虞。"能以这四种真理在生活里实践，行走在人生的道路上，必能"去处尽通"。

因此，"人生四谛"有四点：

一、良药苦口利于病。

二、忠言逆耳利于行。

三、淡泊明志利于心。

四、清净无求利于修。

【思考】

1. 本文提出人生四谛有哪些？
2. 为什么忠言逆耳利于行？试举例说明。
3. 何谓"苦、集、灭、道"？
4. 为何说多欲为生死的根本？
5. 文中哪一段话让你最为受益？

【延伸阅读】少欲知足

- 贪婪有如火，嗔恨亦若火；
  人在火海中，如何保住我。

做人的条件

骨宜刚，气宜柔，志宜大，

量宜广，言宜谦，心宜诚。

【提要】

每一个人都希望能够让人接受，都能有好的人缘。一个人立足于天地之间，脚踏地、头顶天，要有光明磊落、顶天立地的骨气，对未来要有远大的志向，更要有宽宏大量的胸襟，能包容异己、尊重他人，人我相处则要柔和温顺，言谈要谦虚和睦，心意诚恳，正直无欺，人生才能通达无碍。

【正文】

有人说："做人难，人难做，难做人。"其实，做人只要有原则，也不是绝对难做人。以下提供六点意见，说明做人的条件：

第一，骨宜刚。一个注重道义的人，人穷志不穷，讲究的是要有骨、有气，所以骨骼要坚硬，挺起胸膛，正直无私，表现顶天立地的骨气。

第二，气宜柔。做人不要盛气凌人，不要颐指气使；做人要心平气和，要恕人如己。所谓"以柔克刚"，舌头是软的，但他比刚硬的牙齿更耐久；一个性格温顺的人，到处都会受到他人的欢迎，都能给人接受，所以，做人气宜柔。

第三，志宜大。一个人从小就要养成自己的志愿，儒家说：“舜何人也？禹何人也？有为者亦若是。”佛教也讲：“没有天生的弥勒，也没有自然的释迦。”一个人想要发展自己的未来，必须要先立定志向，要希圣希贤，要流芳百世，不可遗臭万年。一个人的成就有多大，端看他的志向有多大。井底之蛙，不知有天下；自私之人，不知普利大众，这都难成大事。反之，胸怀大志的人，所谓“有志者，事竟成”，不能小视。

第四，量宜广。做人气量不能狭小，有量的人才能容人，才能用人，才能处人，才能服人。小的器皿，只能装小的东西；大的器皿，自然能装大的东西。天地虚空所以成其大，因为它能容纳万物，所以吾人的心量，如果广大，包容得多，还怕不能成就吗？

第五，言宜谦。说话谦虚，态度诚恳，是做人处世的要道。人与人初见，表现才华自然重要，谦虚礼貌，更不可少。古人读书，在童子时期，就要学习应对，所以想让人接受，谦虚、礼貌、尊重、包容，绝不能少。

第六，心宜诚。人和人见面，虽然初看外相，但是，之后要看你的心里；如果你的心意不诚，虚浮傲慢，让人不能感受你的诚心诚意，你和人的交往，必定会失败。

所以，说到做人的条件，有六点：

一、骨宜刚。

二、气宜柔。

三、志宜大。

四、量宜广。

五、言宜谦。

六、心宜诚。

【思考】

1. 做人有哪些条件？

2. 你对“做人难，人难做，难做人”有何想法？

3. 在你周遭有哪些人值得我们学习？

4. 读完本文后，你得到什么启示？

【延伸阅读】相由心生

- 恶由鬼起，鬼由心生。

人生四时

少年时，要有恢宏气度；

青年时，要肯吃苦耐劳；

壮年时，不要妄自菲薄；

老年时，要能传递经验。

【提要】

一年四季，各有景象，人生四时，也各有所得。当我们正值少年的春天，是发芽成长的季节，我们要充实力量，吸收养分，怀抱救世之志；当人生的夏天来临时，正是万物开花结果，我们要用它嘉惠大众，散发生命的热力，成长万物；当秋天的人生来临时，正是我们的成熟阶段，就要将自己的所知所得，贡献社会国家；当人生到了冬天的老年，即以自己一生的成就、智慧、经验传授出去，嘉惠人间，如冬阳之和煦。

【正文】

季节有春、夏、秋、冬的四时循环；人生有生、老、病、死的生死轮回。甚至，在人的一生当中，也有“四时”：少年时、青年时、壮年时、老年时。在这四时里，我们应该如何安排自己？如何发展自己呢？“人生四时”有四点看法：

第一，少年时，要有恢宏气度。《老子》说：“合抱之木，生于毫末；九层之台，起于累土；千里之行，始于足下。”少年时期，是人生的开始，培养大志、大量，是走向光明的起步。范仲淹有“先天下之忧而忧，后天下之乐而乐”之怀，陈涉有“弃燕雀之小志，慕鸿鹄以高翔”之志。能效法先贤志士这种恢宏开阔的器度与眼光，人生必定有不同的境界。

第二，青年时，要肯吃苦耐劳。青年的时候，不要只想享受前人给我的恩泽，或是想用父母长辈遗传给我的遗产。“要怎么收获，先那么栽！”未经流过汗水的耕种，收不到丰硕的谷米；没有付出心血的努力，尝不出甜美的滋味。所以，每一个人都要把握青年时期，靠自己发愤图强，吃苦耐劳，求取生存，创造事业。

第三，壮年时，不要妄自菲薄。胡适先生曾说：“种种从前，都成今我，莫更思量更莫哀。”有人到了壮年时期，回首过去，望向未来，有时不免感叹自己已年近半百，一事无成，光阴虚度；其实，壮年正是人生的黄金时期，也是逐渐迈向成熟稳健的时候。如孙中山先生说：“立志做大事，不要做大官。”即使我只是计程车司机，我把车子开好，让每一位乘客欢喜，就是成功的司机；我是盖房子的建筑小工，我把小工做好，让这栋房屋住起来令人安心，就是成功的工人；即使只是一个清道夫，也都是伟大的，他冒着生命危险，清扫街道，不嫌肮脏恶臭，搬运垃圾，对世间也都有所贡献。所以，壮年时期的人，不必妄自菲薄。

第四，老年时，要能传递经验。老马识途，老牛舐犊，一般也有所谓“老人是一宝”。人到老年，体会到人生的意义已不在色身的长久，而是在功德慧命的无限；老年人的生命阅历丰富，这时要把自己的智慧、经验传授出去，所谓“老干新枝”，才有生命的传承。所以，老年人要传承交棒给青年人，生命的延续就可绵延不绝。

人的身体四大调和，则身心轻安，健康活力；生活依止四正勤，则精进不懈，远离烦恼；一年四季调和，则“四时行焉，百物生焉”。《左传》云：“君子有四时，朝以听政，昼以访问，夕以修令，夜以安身。”说明一天之中，也有不同规划。人生四时，各有责任、义务，每个阶段都值得我们学习，值得我们付出努力。

人生四时有四点：

一、少年时，要有恢宏气度。

二、青年时，要肯吃苦耐劳。

三、壮年时，不要妄自菲薄。

四、老年时，要能传递经验。

【思考】

1. 何谓“人生四时”？

2. 少年时，如何培养恢宏的气度？

3. 简述一位值得我们效法的先贤志士的事迹。

4. 你如何解读“立志做大事，不要做大官”这句话？

5. 试述阅读本文后，你学习到了什么。

【延伸阅读】不生不灭

- 有生必有灭，秋尽冬飘雪；
  若为生死恼，无生便超越。

做人的风仪

要有光风霁月的修养，
要有海阔天空的心胸；
要有端严庄重的仪表，
要有玉振金声的言辞。

【提要】

所谓“诚于中形于外”，表现在外的就是一个人的风仪，风仪不能买卖，但是可以培养；风仪不能假装，但是可以训练。如何培养做人的风仪，先从内心的修养做起，端正我们的意念，并且培养开阔的心胸，自然海阔天空；进而能了解人生的真相，不计较、多体谅，自然“宰相肚里能撑船”。我们表现在外的样貌，从一举手、一投足，都可以看出修养，与美丽无关，与财富地位无关，而是内在蓄积所发散出来的端严庄重，从容气度；与人交谈时，要言之有物，而且可以助人向善，深入人心，如饮醍醐。

【正文】

世上的人，有的人有钱，有钱人有有钱人的样子；有的人做官，做官有做官的派头；有的人为学，为学有为学的风仪。其实，不管做任何一种人，都应该要有做人的风仪。关于做人的风仪，有四点看法：

第一，要有光风霁月的修养。“君子坦荡荡，小人常戚戚”，做人坦荡正直很重要。一个人心胸坦荡，为人正直，即使平凡，自有其磊落洒脱的风姿，这种光风霁月的修养，是做人应有的风仪。

第二，要有海阔天空的心胸。做人最怕心地狭窄、自私、愚暗，如此，不但不受人欢迎，自己也很难走出去，所以，心胸要像海阔天空一样，那才是做人应有的风仪。

第三，要有端严庄重的仪表。人不一定要长得多美丽，也不一定要行事潇洒，最重要的，要端庄正直、从容不迫。如佛教说的“行如风、立如松、坐如钟、卧如弓”，能有端严庄重的美好威仪，这是做人应有的风仪。

第四，要有玉振金声的言辞。做人，不但是身教，还要有言教，有时候要讲理、说法来开导别人，但是，如果自己不善于言辞，别人也不能受你的影响。所以，做人固然要有学问，还要有慈悲心，要乐于为人演说佛法；尤其讲说时还要不说则已，一说则“一鸣惊人”。能用玉振金声的言辞，让别人听了你的说法后如沐春风，欢喜接受，这是做人应有的风仪。

玫瑰虽美，却短暂不实，因此，人除了漂亮之外，还要把尊严、性格、气质、风仪、人缘等活出来。

做人的风仪有四点：

一、要有光风霁月的修养。

二、要有海阔天空的心胸。

三、要有端严庄重的仪表。

四、要有玉振金声的言辞。

【思考】

1. 文中提到做人的风仪，涵盖哪些方面？

2. 试举一位风仪足以让你学习的典范。

3. 为什么做人的风仪中，要有“玉振金声的言辞”？

4. 这篇文章给你什么启示？

【延伸阅读】一心一意

- 一是专，多便乱；
  别贪多，贵于虔。

道　心

直心无谄是道心，正心无邪是道心；

真心无伪是道心，慈心无暴是道心。

【提要】

道心，是指一个学佛者的向道之心；坚定的道心，可以帮助学佛者在佛道路上不畏阻难、勇往直前。所谓道心，直心、正心、真心、慈心就是道心，直心者去谄曲心，则能与道相应；正心者无私，以平等心普爱一切众生；真心者无妄，则能悟入真理；慈心者与乐，能带来迷界之有情和谐安乐。拥有道心则能自利利他，成就无上佛道。

【正文】

在佛教丛林里看人，不一定看他的聪明、能力，主要是看他的道心。他爱护不爱护公家的物品，这就是道心；他对大众护持不护持，这就是道心；他对团体尽忠不尽忠，这就是道心；他对奉献服务勤劳不勤劳，这就是道心。此外，什么是道心？有四点说明：

第一，直心无谄是道心。直心就是没有谄曲、没有献媚、没有逢迎、没有虚假，一就是一，二就是二；直心才容易入道，所以在《维摩经》里说：“直心是道场。”平常我们与人交朋友，乃至待人处世，也要用一颗平直无谄曲的心，才合乎道德；如果没有直心，缺乏真诚，那就不合乎道德。

第二，正心无邪是道心。正心就是公正平等之心。一般人的心，都是不平等的，对于我所亲爱的人，或是我的同学、我的同事、我的同乡，就对他好一点；我所不爱的人，或是跟我不同思想、不同种族的人，就对他差一点。因为不能用平等心待人，所以有偏见、有邪见，这就难以入道；能够正心无私，才是道心。

第三，真心无伪是道心。真心就是没有虚假，没有污染的心。一个人若无真心，做事容易起烦恼；一份真心，内含恭敬、平等、慈悲、智慧、谦虚等美德。所以，有真心的人讲话，都是真实语、如实语、不异语、不妄语；做人也都是真实、单纯而没有虚假，这就是道心。

第四，慈心无暴是道心。经云：“慈能与乐，悲能拔苦。”慈悲心，就是给人信心、给人欢喜、给人希望、给人方便；能够拔除别人的痛苦，消除别人的困难，就是慈悲心。

有慈悲心的人，自然不会用暴力待人，也不会用欺骗的手段，或耍各种计谋来打击别人，这就是道心。

因此，什么是道心？有四点：

一、直心无谄是道心。

二、正心无邪是道心。

三、真心无伪是道心。

四、慈心无暴是道心。

【思考】

1. 什么是道心？

2. 试述“直心是道场”的含义。

3. 为什么不能用平等心待人，就难以入道？

4. 何谓真心？如何发掘自己的真心？

5. 如何给人信心、给人欢喜、给人希望、给人方便？

【延伸阅读】精进

- 奢华易糜烂，勤奋见长青。

修道者的心

浓淡，要有不拘的中道心；顺逆，要有不忧的雅量心；

哀乐，要有不入的平常心；有无，要有不计的平等心。

【提要】

修道的人，要学习不被人情所束缚，人情有浓、有淡，心情绝不能随之起伏，明白凡事皆有因有缘，处于顺逆之境时，自然就能坦然以对。人都有一个身体，身体一经接触外境，就会有喜怒哀乐等情绪变化，所谓境由心生，当然就有种种变化。世人常在钱财的有无中算计，在情爱的有无中苦恼，在名位的有无中比较，日日深陷其中，不得安宁。身为一个修道人，当知有无的真义，才是一个修道者的心。

【正文】

现在世界上有很多的宗教，不管信仰什么宗教的人，都要讲究修道。修道者要有修道者的心；如果光有一个修道的名，而没有修道的心，那也是徒具虚名。

什么是修道者的心呢？有四点：

第一，浓淡，要有不拘的中道心。在这个世间，人情有浓有淡，有时候别人对我们表现得很亲、很浓，有时候又觉得很疏、很淡。在时浓时淡的人情里，有的人容易患得患失，所以就被人情束缚了；如果你能具有浓淡不拘的中道心，就能获得解脱自在，这就是一个修道的人。

第二，顺逆，要有不忧的雅量心。顺境、逆境，这是人生必然的境遇。有的人顺境来了就好高兴，逆境来了就很烦恼、很排拒，这是表示自己没有力量，不仅忧愁担当不起，欢喜也没有修养接受，所以在顺逆的境界里动荡不已；假如能够有顺逆不忧的雅量心，就如同弥勒菩萨的乾坤袋，好和不好都放到他的乾坤袋里，何等自在！所以，我们若想学习布袋和尚的自在，应该要有顺逆不忧的雅量心。

第三，哀乐，要有不入的平常心。荣枯、哀乐，这也是人生的实相。能够做到哀而不伤，乐而不纵，喜乐悲哀都不会侵入我的心里，我都能消融它、化解它，这就是一种修道者的心了。

第四，有无，要有不计的平等心。世间的人，每天总在“有无”里计较，有钱财，无钱财；有人喜欢我，没有人喜欢我；我有了一栋大楼，我又倒闭了，天天就在“有无”里面上下起舞，终日不得安宁。如果我们能够懂得，有，不是我的，是共有的财产；无，也没有关系，无是无量、无边、无限，无会更多。能够有这种有无不计较的平等心，就能与道相应了。

所以，一个修道者的心，对于世间的浓淡、顺逆、哀乐、有无，要能做到：

一、浓淡，要有不拘的中道心。

二、顺逆，要有不忧的雅量心。

三、哀乐，要有不入的平常心。

四、有无，要有不计的平等心。

【思考】

1. 修道者应具备哪些心？
2. 你如何面对时浓时淡的人情？
3. 逆境来时，你如何给自己力量？
4. 人有七情六欲，你如何做到哀而不伤、乐而不纵？
5. 这篇文章给你最大的启示是什么？

【延伸阅读】观心

- 心可纯良，亦可邪恶；
  举步宜慎，免于堕落。

做人四要

要以益任事，要以谦防傲；

要以学启智，要以守自安。

【提要】

东晋大臣陶侃曾说："生无益于人，死无闻于后，是自弃也。"所以，无论从事什么行业，最重要的是，心中一定要有大众，能够以众为我，这样才能广结善缘，才能成为有用之人。待人要谦虚有礼，不可傲慢自大，目中无人。而且，要不断学习，增广见闻，智慧必然能够开启。要能守住道德，不做对他人不利的事情，并且谨守自己的岗位，才能为人所用，也唯有如此，才能为生命创造更高的价值。

【正文】

《新唐书·裴行俭传》云："士之志远，先器识，后文艺。"古人修身治学，首重做人的度量与见识，期许达到大仁、大智、大勇的境地。我们都不是一出生就能把人做得圆满的，无不是要通过一次一次经验和智慧的累积。如何累积？以下有"做人四要"：

第一，要以益任事。不论从事任何工作，要能利益他人。当官者，要以人民的利益为重；在家庭，办事要对家人有益；交朋友，要时时想到给朋友利益。如《优婆塞戒经》云："不念自利，常念他利，身口意业所作诸善，终不自为，恒为他人。"自己若得到好处，也应抱持十方共有的观念，如此才能成就善因好缘。

第二，要以谦防傲。傲慢、自负者，其格局、度量必不大，容易丧失许多宝贵的因缘，改进之道，唯有谦虚。有人问禅师："宇宙有多大？"禅师回答："五尺高。"此人不解地问："多数人皆超过五尺呀，又当如何？"禅师说："所以凡事不得不低头啊！"意思是我们平时处世对人，在语言、态度上，必须谦虚为怀，不可傲慢自大，方能所向尽通。

第三，要以学启智。学习，是开启智慧、增广见闻的途径。学生学习，增加学历；技术师学习，增强技能；修行者学习，增长道业。不论哪一行业，都须不断学习，才能不断增加智慧。程颐说："进学在致知。"唯有增进学识，方能将知识推上极致。我们立身社会，怎能不广泛学习呢？

第四，要以守自安。做人要守道、守节、守法、守信、守分，有了美好的道德，如同一道围墙，能保全自己的行为和名声。创业之际，守得住艰难，则成功在望；与人为友，守得住道义，就不致人格扫地；修道者，守持戒律，才能趋向正道。乃至"守口如瓶"者，令人信赖；"守住岗位"者，受人重用。因此，守得住这许多内在的涵养德行，人生就能如履平地，安全坦然。

《菜根谭》云："做人无甚高远事业，摆脱得俗情，便入名流。"做人不一定要成就轰轰烈烈的事业，才称得上成功，凡事利人、处事谦虚、不断学习、守住道德，就是上等之人。

一、要以益任事。

二、要以谦防傲。

三、要以学启智。

四、要以守自安。

【思考】

1. 本文说做人有哪四个要点?

2. 人际之间的交往，最顾忌的是什么?

3. 如何“以守自安”?

4. 在日常生活中，你有哪些做人的原则?

【延伸阅读】智慧如光

- 习性如灯，可灭可亮；
  智慧心起，转下为上。

修行在人间

学习爱语，学习关怀；

学习应对，学习忍耐。

【提要】

过去禅门大德们，搬材运水、典座行堂、种植山林、牧牛垦荒，甚至米坊筛米、修鞋补衣等，这都是生活中的修行。所谓修行，就是先要把人做好。做人如果尖酸刻薄、无信无义、无道无德、悭贪吝啬、阴谋算计；心性品德上的缺点不去除，正如碗盘未洗，肮脏垢秽，如此怎么能用来盛装佳肴供人受食呢？所谓“人成即佛成”！生活中的修行，就是要让自己做人无愧于天理、无负于人道；如此修行，才是真修行也！

【正文】

一般人谈到修行，总有一个错误的观念，认为修行若不是在佛堂里诵经拜佛，就是到深山里遗世独立，不食人间烟火，这就叫作修行。其实，六祖惠能大师说：“佛法在世间，不离世间觉；离世求菩提，犹如觅兔角。”真正的修行，要从生活的做人处世做起，你待人慈悲，就是修行；你能负起应负的责任，就是修行；你的言行举止安详从容，与人和乐相处，也是修行。修行不是口号，不是仪式，而是从身心行仪里流露出来的道德、涵养，这才是真修行，所以离开生活，离开人间，别无修行可言。

至于如何在人间修行？以下有四点意见：

第一，学习爱语。俗语说："好话不怕千回说。"一个人要做人成功，爱语要说得多；工作要做得成，爱语也不能少；凡是所行所做，对待朋友，都要有爱语。世间没有人不喜欢听好话，一个人常常说好话，就会变成好人，所做的事就会变成好事，当然别人也喜欢你这个好人好事。所以，平时要多说爱语，多说赞美的话、尊重的话、成就别人的话，这些都是多多益善。甚至，有时说一些不切实际的赞美，来替他人戴高帽子，也未尝不是一种美德。

第二，学习关怀。对人有了爱语，还要有切实的行动，用真心去关怀别人。比方说，力量不足的人，给他一些助力；财力贫乏的人，给他一些布施；学问不够的人，传授他一点知识；技艺不精的人，教导他一些技能。懂得关怀别人，这就是慈悲，就是修行。

第三，学习应对。一个人即使学富五车，不懂得应对，总是愚人。平时待人处世，举止进退，都要懂得分寸。当人家待我一分好，我要加倍对他；别人跟我说一句话，我要回应他两句；别人给我一次微笑，我要报以两次、三次的微笑。一个懂得应对的人，人际关系必然和谐。

第四，学习忍耐。在生活、工作里，最大的力量就是忍耐。忍耐可以激发心中的力量，有力量自然就不会烦恼、不会动心、不会起嗔，且能愈挫愈勇，忍到最后就有智慧看世间万象，这就是最大的修行。

所以，如何在人间修行？有以下四点看法：

一、学习爱语。

二、学习关怀。

三、学习应对。

四、学习忍耐。

【思考】

1. 本文说，在人间修行要学习什么？
2. 为什么离开生活，离开人间，别无修行可言？
3. 何谓“爱语”？日常生活中如何实践？
4. 当你觉得力量不足时，你会做什么？
5. 为什么说最大的力量是忍耐？

【延伸阅读】借假修真

- 身为苦本，欲是根源；
  身为何物，云在风前。